LE SIÈGE DE CALAIS

Madame de TENCIN

LE SIÈGE
DE CALAIS

nouvelle historique

préface de Pierre-Jean Rémy

LES ÉDITIONS DESJONQUÈRES

Préface

Lorsque paraît anonymement en 1739 *le Siège de Calais*, cette « nouvelle historique » qui représente, malgré tout, plus de 500 pages dans l'édition originale – de toutes petites pages, il est vrai! –, constitue, en plein XVIIIe siècle, une manière d'anachronisme. Crébillon a déjà publié *les Égarements du Cœur et de l'Esprit* (1736-1738), Mouhy (sur lequel il faudrait bien savoir s'attarder un jour!) *la Paysanne parvenue* (1735-1737), Marivaux lui-même son propre *Paysan...* (1734-1735) et l'abbé Prévost *l'Histoire du Chevalier des Grieux et de Manon Lescaut* en 1733. Pour ne pas parler de ces mille et une œuvres mineures de Gaillard de la Bataille et autres Fromaget qui illustrent plus que tous autres peut-être ce que fut le roman dans cette première moitié du XVIIIe siècle.

Face à ces œuvres parfois légères, souvent

enlevées, certainement enjouées, toujours
débordantes de précisions historiques qui en
font un véritable tableau d'une certaine
société, mais aussi fréquemment étayées de
considérations psychologiques qui amorcent
déjà ce que sera le grand tournant romanesque du siècle, avec les Rousseau et les
Laclos — les romans de Madame de Tencin
appartiennent encore à un autre temps.
Encore que le chemin parcouru depuis *la
Princesse de Clèves*, dont se réclame ouver-
tement l'œuvre de Madame de Tencin, soit
considérable. Et c'est précisément à ce titre
qu'une réédition du *Siège de Calais* s'im-
pose : le roman le plus important de Madame
de Tencin est une œuvre charnière. On y
trouve tous les ingrédients de ce qui a fait
la fortune d'un certain type de roman à la
fin du XVIIe siècle, — la « nouvelle historique »,
donc — mais il y a déjà, en transparence une
sensibilité qui appartient presque à la seconde
moitié du XVIIIe siècle. Anachronique, donc,
par sa forme, *le Siège de Calais* n'en demeure
pas moins l'œuvre d'une femme du monde
profondément engagée dans son temps et qui
a trop bien réussi, jouant à la femme de
lettres, à s'en éloigner.

*
* *

Parce que le personnage de Claudine Alexandrine Guérin de Tencin est tout de même l'un des plus fascinants de cette période plus trouble que troublée, qui va de la Régence à la maturité de Louis XV.

Elle descend d'une famille solidement mais récemment implantée en Dauphiné et dont les origines sont plus que modestes : un aïeul colporteur puis joaillier à Romans dont un fils, Antoine Guérin, se distinguera par sa servilité de futur grand-bourgeois à servir les intérêts du trône face aux « vilains » révoltés de sa ville – on massacrera sans pitié... – comme aux aristocrates trop ambitieux qui veulent se tailler de nouvelles féodalités. De bourgeois, Antoine Guérin deviendra, en 1580, magistrat, et c'est son petit-fils François qui achètera en 1637 une charge de conseiller au Parlement de Grenoble puis épousera une veuve respectable, Madame du Faure, propriétaire d'une petite terre dans la vallée du Graisivaudan, du nom de Tencin. On notera au passage que la terre en question était *terre* au sens le plus terre à terre du mot, puisqu'elle ne possédait même pas de château : pendant tout le temps qui allait lui

rester à vivre, François Guérin, devenu seigneur de Tencin, s'acharnera à acheter les
murs branlants « qui allaient avec » sa pro-
priété. Pour une somme considérable, le
conseiller Guérin de Tencin y parviendra
enfin, à coups d'intrigues et de pots-de-vin,
mais ce sera pour mourir tout de suite après,
en 1692.

Dès le début, on le voit, la famille qui allait
s'illustrer de la belle Alexandrine et de son
frère le cardinal vit sous le signe de la roture
affairiste, de la dévotion aux grands de ce
monde et de l'ambition...

Une exception, pourtant, dans cette lignée
pas trop recommandable : l'étonnant Aymar
de Tencin, qui fut le frère du François sus-
nommé et dont la vie ressemble précisément
à celle de bien des héros des romans à la
mode de ce temps. Religieux, il voulut se faire
missionnaire et décida de partir en Afrique
convertir les Éthiopiens. Mêlé à une caravane
de marchands, il sera fait prisonnier au Caire,
gardé longtemps aux fers, racheté par l'in-
termédiaire d'un banquier juif au Pacha qui
le tenait en otage, pour revenir mourir de la
peste à Lyon, tout juste âgé de trente ans.
On croirait un personnage de l'abbé Prévost,
un quelconque « homme de qualité » qui

aurait, comme il se doit, beaucoup voyagé et
fait de nombreux naufrages.

Mais le père d'Alexandrine, Antoine, res-
semblera lui-même comme un frère à son
propre père, il sera président du Parlement
de Grenoble tandis que son frère présidera
celui de Savoie : on avait la présidence dans
le sang, chez les Guérin devenus Tencin!

C'est ainsi que verront le jour cinq enfants
entre 1674 et 1682 : Claudine Alexandrine,
notre romancière, est la dernière. Ses frères
et sœurs? Marie-Françoise, la quatrième, ne
laissera guère de trace dans l'histoire. François, le fils aîné, deviendra Président, comme
il se doit. Mais les trois autres, d'une autre
manière que leur grand-oncle Aymar,
auraient bien pu être eux aussi des héros de
romans.

L'aînée, Marie-Angélique, n'évitera le voile
que de justesse : son père avait d'abord pour
ambition de faire la carrière de son futur
Président de fils, et la destinait au couvent
pour ne pas avoir à la doter. Il se trouva
heureusement un M. de Ferriol pour l'épouser. Or, ce Ferriol était le frère d'un autre
Ferriol, ambassadeur à Constantinople et
beaucoup plus fameux, qui acheta en 1698
une petite fille de quatre ans à un marchand
d'esclaves. On ne cherchera pas trop à savoir

quels sentiments poussaient le diplomate
chenu à s'intéresser au sort d'une petite fille...
Mais on saura seulement que c'est cette jeune
demoiselle, parfaitement éduquée ensuite à
l'européenne, qui deviendra « Mademoiselle
Aïssé ». Elle laissera de très jolies lettres, mais
fera surtout l'objet des convoitises du Régent
ainsi que de bon nombre de gentilshommes
de la cour de France. Et c'est Marie-Angélique de Tencin, devenue Madame de Ferriol,
qui servira de duègne à la jeune femme pendant ses années parisiennes.

On a parfois publié les lettres de Mademoiselle Aïssé de concert avec celles de
Madame de Tencin : autant l'une joue jusqu'à la caricature le rôle de la jeune fille
pure et effarouchée qui navigue entre ruelle
et couvent, autant l'autre surprend par son
cynisme et son franc-parler.

Mais c'est qu'Alexandrine de Tencin
constitue avec son frère Pierre, le cardinal,
l'un des plus surprenants couples d'aventu-
riers de ce siècle pourtant riche en intrigants.

D'abord, Alexandrine de Tencin, elle, passe
par le couvent et ce passage laissera des traces
fameuses. Si Marie-Angélique a pu se faire
épouser à temps, sa cadette n'a pas eu cette
chance et se retrouve, à seize ans, religieuse
au monastère royal de Montfleury, près de

Grenoble. La règle n'y est pas stricte, loin de
là : c'est un but de promenade pour la bonne
société de la ville, on y fait de la musique et
on y boit du chocolat : d'Alembert — on
reviendra vite à lui! car il joue lui aussi un
petit rôle de cette histoire — y parlera lui-
même d'amour quarante ans plus tard à une
autre nonne galante qu'il appellera sa « petite
friponne ». C'est dire qu'Alexandrine de Tencin n'y est pas vraiment malheureuse. D'ailleurs, deux « accidents » successifs l'obligent
à aller pudiquement prendre les eaux. La
rumeur publique et le toujours bienveillant
Duclos, dans ses *Mémoires Secrets*, attribuent
au comte irlandais Arthur Dillon, lieutenant
général du maréchal de Médavy, en garnison
dans le Dauphiné, la paternité des deux premiers enfants de la religieuse peu sage. Mais
la future Madame de Tencin s'ennuie pourtant à Montfleury et n'a qu'une idée : en
sortir. Alors elle « proteste », convoque
témoins et notaire pour affirmer son
« aversion contre ce genre de vie » et obtient
enfin, après avoir séduit au passage un
confesseur, de quitter ce Thélème pour un
séjour plus doux encore puisque sa famille
réussira, selon Saint-Simon, à faire la religieuse « chanoinesse de je ne sais où, où elle
n'alla jamais ». C'était déjà une forme de

demi-sécularisation, car le titre de chanoinesse au Chapitre de Neuville-les-Dames-en-
Bresse n'entraînait guère d'obligations. Et,
au cours de cette période qui s'acheva autour
de 1706, la galanterie de la religieuse presque
défroquée deviendra une légende dans sa pro-
vince.

Ce n'est pourtant que vers 1710 qu'A-
lexandrine de Tencin deviendra Madame de
Tencin, après quelques séjours de plus en
plus rapides dans des couvents parisiens et
l'annulation officielle de ses vœux en 1712.
Et dès lors, l'aventure commence.

Témoignant une affection plus que pas-
sionnée pour son frère Pierre qu'elle retrouve
à Paris en même temps que sa sœur Madame
de Ferriol, Madame de Tencin ira d'intrigue
en intrigue. Elle séduit tout sur son passage :
Bolingbroke et le Régent – qui en fait très
vite cadeau à l'abbé Dubois –; le chevalier
Destouches – dit Destouches-canon, pour ne
pas le confondre avec l'impérissable auteur
du *Glorieux*, de l'*Ingrat* et autres *Irrésolu*, et
l'abbé de Louvois; le comte d'Argenson, lieutenant de police, dont la laideur était renom-
mée, et le duc de Richelieu, Don Juan qui
nous a laissé de superbes mémoires apocryphes. Et puis Law, le banquier, et Fontenelle, qui en mourra centenaire... Pour

plaire à ces hommes de goût, Madame de Tencin ne recule devant rien, et ce n'est pas seulement la légende qui lui attribue, en tête de ses œuvres complètes, une « Chronique scandaleuse du genre humain » aujourd'hui perdue, qu'elle aurait rédigée à l'intention du cardinal Dubois et qui aurait été une véritable anthologie de la pornographie, de l'Antiquité aux temps modernes.

Quelques bébés abandonnés sur les marches d'églises ponctueront également cette carrière de femme à la mode... Le plus célèbre s'appelle Jean le Rond, du nom de la petite église de Saint-Jean-le-Rond où on le découvrit, mais il devait faire carrière sous le nom de D'Alembert et, plus tard, il ignorera superbement sa mère. Son père était précisément Destouches-canon, qui lui fit une rente.

Mais l'ambition de Madame de Tencin ne s'arrête pas à ces amourettes. Dans le sillage de l'abbé Dubois dont elle est devenue la confidente et la complice, elle fait la carrière de son frère dont le principal mérite est d'avoir obtenu la conversion au catholicisme de Law — contre un solide paquet d'actions et beaucoup de billets de banque. Ame damnée de Dubois, elle l'appuie autant que lui-

même l'épaule, et n'aura qu'un reproche à
lui faire : celui d'être mort trop tôt.

Nonne défroquée, c'est la carte de l'Église
que Madame de Tencin va d'abord jouer pour
gagner les honneurs. Intrigant à plaisir, elle
est pour beaucoup dans l'élection du pape
Innocent XIII. Plus tard, ce sera l'affaire de
la *Bulle Unigenitus* qui l'occupera, cette
sombre querelle d'arrière-garde du jansé-
nisme à laquelle elle prendra une part active.
Au Concile d'Embrun, réuni en 1727, dont
elle assure les arrière-salons et les ruelles,
elle prend fait et cause pour les tenants de
la Bulle et pourfend les entêtés qui s'y
opposent. Son talent fait merveille, et le plus
célèbre des opposants à la Bulle – on les disait
des « appelants » – Jean Soanen, évêque de
Senez et vieillard de plus de quatre-vingts
ans, est déposé, se plaît-elle à faire remarquer
à ses amis, grâce à son propre talent.

Mais entre-temps, Alexandrine a connu
une aventure singulière qui va profondément
modifier le cours de sa vie. En compagnie de
son frère, elle agiote, crée des affaires, se
lance dans la finance et voilà que l'un de ses
associés, un certain Charles-Joseph de la
Fresnais, « homme de six pieds et plus de
haut, et qui ne pouvait que servir les dames »
– ce ne pouvait donc être qu'un amant de

plus! – se mit en tête qu'on le grugeait. Pire :
qu'on voulait l'assassiner. On dirait aujour-
d'hui que c'était un maniaque dépressif; et
ce qui devait arriver arriva : la Fresnais se
suicida en 1726. Mais il se suicida dans la
demeure même de Madame de Tencin et en
laissant des documents si compromettants
pour elle, que la maîtresse de tant de ducs
et de ministres se retrouva en pleine nuit
transportée à la prison du Châtelet puis
confrontée – toujours au milieu de la nuit!
– avec le cadavre du suicidé qu'on avait déjà
plongé dans la chaux vive. On l'accusait, ni
plus ni moins, de l'avoir assassiné. Pendant
sept heures on l'interrogea ainsi, l'obligeant
à relater par le menu son intimité avec ce
qui n'était plus en face d'elle qu'un cadavre
à demi consumé : de quoi nourrir un beau
roman noir au tournant du siècle. Hélas!
Madame de Tencin n'a pas écrit ce livre-là...

La procédure ne s'arrêta pas là : ses amis
parvinrent à l'arracher du Châtelet mais pour
la faire conduire à la Bastille, ce qui vous a
tout de même plus fière allure. Elle s'y
retrouva d'ailleurs à peu près en même temps
que Voltaire, qui devait écrire quelques jours
après à Madame de Ferriol : « Nous étions
comme Pyrame et Thisbé, mais nous ne nous

baisions pas la main à travers la fente de la
cloison. »

Tout le monde s'agita beaucoup, à la Cour
et à Paris, mais ce n'est que le 16 juillet
qu'on parvint à faire libérer Madame de Tencin : l'affaire avait commencé dans la nuit
du 7 au 8 avril... La bonne dame se tira,
d'ailleurs, le mieux du monde de ce mauvais
pas car, non seulement elle fut acquittée,
mais encore hérita-t-elle de tous les biens du
suicidé!

Épuisée — elle avait été assez gravement
malade pendant son incarcération —, Madame
de Tencin, alors âgée de quarante-quatre ans,
ira d'abord prendre les eaux de Passy puis,
en compagnie de son frère bien-aimé, elle
disparaîtra quelque temps en Dauphiné. Ainsi
que devait, en effet, l'écrire un magistrat
parisien à l'époque : « Il est difficile que la
lessive du Grand Conseil n'ait laissé quelques
taches à la dame de Tencin, que toutes les
eaux de Passy n'effaceront pas. »

Bien sûr, il y aura encore l'épisode du
Concile d'Embrun l'année suivante; bien sûr,
les Tencin intrigueront encore. Aller et retour
du frère entre Rome et Paris et barrette enfin
de cardinal, archevêché de Lyon où l'on ne
rend visite à de lointaines ouailles qu'après
dix-huit mois ou deux ans, conclaves et

conversations d'antichambre : on se frotte de
très près aux ministres en place et on louvoie
parmi les favorites à venir. Il s'en faudra de
très peu que Pierre de Tencin ne succède à
Fleury et, en s'appuyant à la fois sur le vieux
cardinal mourant puis sur la duchesse de
Châteauroux — maîtresse en titre du roi à
partir de 1743 — la famille de Tencin, alliée
étroitement au duc de Richelieu, triomphera
enfin à Versailles. Le pouvoir, c'est eux. Alors,
on pensera affaires étrangères et haute politique. On caressera le projet secret de res-
taurer les Stuart en Angleterre. L'équipée
s'achèvera en désastre, mais on jouera un
rôle actif dans le rétablissement d'une alliance
entre la Prusse et la France, et ce sera cette
fois une réussite. Potsdam et Versailles, Fré-
déric et Louis XV ne conversent plus seulement par philosophes interposés.

Pourtant, le temps des menues bassesses
et des basses besognes est passé. Madame de
Tencin a cessé de jouer à la « Banquière »,
elle est devenue femme du monde, femme de
lettres, et son salon, rue Saint-Honoré, devint
un second « Royaume » qu'elle-même appellera sa « ménagerie » et dont des poètes, des
auteurs dramatiques, des philosophes — Fontenelle surtout, Fontenelle d'abord! — consti-
tueront les « bêtes ». On reprochera à la bonne

dame ce jargon animalier et maternaliste, mais c'était bien dans l'esprit d'un temps où les reines joueront bientôt aux bergères.

Rue Saint-Honoré, on commentait les dernières nouvelles de la République des Lettres et on faisait les académiciens. On n'a pas oublié comment Voltaire, qui ralliait tous les suffrages, jusqu'à ceux des plus dévots des courtisans, réussit à se faire battre par Marivaux après que son « amie de trente ans » ait mobilisé tous ses poètes et interdit sa porte à celui qui n'était encore que le solitaire de Cirey et qui voulait lui rendre une visite « académique ».

Et c'est d'abord par ce salon, pour ces amis qui écrivaient de tout, sauf des romans, que Madame de Tencin, à partir de 1735, écrira des romans.

Mais quels curieux romans, de la part de cette femme-là...

*
* *

Après l'immense succès de l'Astrée (1607) d'une part, d'autre part des romans héroïques inspirés d'une chevalerie imaginaire dont le Roman des romans (1626-1629) qui prétend les rassembler tous, constitue l'un des types les plus parfaits mais aussi plus pesants, le

roman français du XVIIe siècle s'engagera
essentiellement dans deux voies : le réalisme,
parfois comique, d'un Furetière et d'un
Scarron; et le roman historique, soit dans
son acception la plus courante : tous les
« Mémoires » apocryphes rédigés par un
Courtilz de Sandras, soit dans cette forme
plus concise, plus éloignée encore de la réalité
historique, qui s'intitulera modestement
« nouvelle historique » ou « nouvelle galante ».

Si tous ces genres — jusqu'au roman
héroïque! — se perpétueront pendant le siècle
suivant, il ne fait pas de doute que celui dont
l'influence demeurera la plus notable sera la
« nouvelle historique et galante ». Avec *la
Princesse de Clèves* et sans vraiment s'en
apercevoir, Madame de La Fayette avait, en
effet, réussi en 1678 un coup de maître dont
la prose française mettra près d'un siècle à
se relever.

Parce que, dans le sillage de la belle *Princesse*, ce ne seront plus qu'*Amours d'Anne
d'Autriche*, ou *Amours d'Edgar, roy d'Angleterre*, *Mémoires de la comtesse Murat* et
Actions héroïques de la comtesse de Montfort :
autant de récits, généralement très courts
qui, de même que *la Princesse de Clèves*,
mélangent héros de fiction et personnages
historiques dans de galants démêlés où

l'amour, la vertu, l'honneur et la raison d'État
font l'objet de savants calculs, de dilemmes
cornéliens et de petits textes pâlots dans lesquels « toute ressemblance avec un personnage existant ou ayant jamais existé serait
purement fortuite ».

Mais, un peu comme la tragédie classique,
c'est ce type de roman qui constitue le genre
« noble » par excellence — si tant est que le
roman ait jamais été un « genre noble » avant
le XIX⁰ siècle, mais ceci est une autre histoire!
— face aux débordements plus terre à terre
d'un renouveau du réalisme, du picaresque,
voire de la galanterie pure et simple.

On notera au passage que la « nouvelle
historique » a connu un développement beaucoup plus intéressant avec les immenses
fresques d'une Madame de Villedieu, par
exemple, qui s'échappe du cadre étroit et
convenu de quelques intrigues galantes pour
introduire précisément le réalisme et le picaresque, voire la dimension épique, dans des
œuvres nettement plus abondantes dont un
roman comme les superbes *Mémoires de la
Vie d'Henriette Sylvie de Molière* — publié
dès 1674 — constitue un exemple éclatant.

Cependant, dès le tournant du XVIII⁰ siècle,
la fiction s'engage résolument dans des voies
différentes : renouveau du merveilleux,

orientalisme, et puis tous ces romans d'une
société qui trouveront leur aboutissement
secret dans la galanterie des boudoirs de Lou-
vet de Couvray et de son Faublas, et leur
triomphe officiel chez Marivaux puis Laclos
et Rousseau. Aussi diverses que soient ces
œuvres, elles témoignent toutes de la volonté
d'enrichir la tradition romanesque de tous
les apports du siècle, de la conversation
galante au sentimentalisme anglais hérité de
Richardson, sans parler du roman « noir »
qu'on va même parfois effleurer, puis de
l'apurer de ses débordements par trop intem-
pestifs. Ainsi aboutira-t-on à ces chefs-
d'œuvre absolus que sont *la Nouvelle Héloïse*
et *les Liaisons dangereuses,* mais qui s'ins-
crivent l'un et l'autre dans un contexte déjà
riche en signes annonciateurs, dont, au premier chef, toute une tradition établie – depuis
la *Religieuse Portugaise!* mais profondément
enrichie à partir de 1750 – du roman épis-
tolaire.

Bien entendu, ce tableau sommaire de ce
qu'est le roman au siècle de Madame de Tencin est dérisoire et incomplet. Il n'en mon-
trera pas moins combien les ouvrages de la
sœur du Cardinal et de la maîtresse de tous
les autres sont « réactionnaires » dans un

courant littéraire qui s'éloigne profondément
de la tradition dont se réclame la bonne dame.

Ce que raconte Madame de Tencin dans
le *Comte de Comminges* (1735), *le Siège...*
(1739), *les Malheurs de l'Amour* (1747) et *les
Anecdotes d'Édouard II* publié en 1776, vingt-
sept ans après sa mort, ce sont bien, en effet,
ces intrigues raffinées d'amour, d'honneur et
de vertu que Madame de La Fayette avait
portées trois quarts de siècle auparavant à
leur point suprême et qui, après elle, ne firent
que s'affadir.

Car elles seront nombreuses, les dames –
ce sont bien souvent des dames qui écrivent
ce genre de livre après 1710 et le règne d'un
Eustache le Noble – à imiter *la Princesse de
Clèves* tout au long de la première moitié du
XVIIIe siècle, de Mademoiselle de La Roche-
Guilhem à Madame de Lussan, en passant
par Madame Bédacier et la comtesse d'Aulnoy. Dans tous les cas, c'est la même tech-
nique qui est utilisée : on transpose en une
période historique plus ou moins éloignée les
jeux de l'amour et de l'honneur du temps
présent, sans la moindre recherche historique. Qu'il s'agisse de la Cour de Henri II
(où l'on puise abondamment), de celle de tous
les Édouard d'Angleterre, ou des épouses
abandonnées par leurs maris Croisés, ce sont

les mêmes passions secrètes et dévorantes,
les mêmes langueurs, la même immense,
dévorante courtoisie qui fera chez Madame
de Tencin qu'un baron de la guerre de Cent
Ans se conduira avec le raffinement d'un
talon-rouge.

Mais comme toutes ces dames n'ont pas la
concision admirable de Madame de La
Fayette, on arrive bientôt à ces récits complè-
tement stéréotypés, constitués d'une intrigue
principale sur laquelle se greffent des
intrigues secondaires, par un système d'his-
toires à tiroirs, chaque héros faisant le récit
de sa vie à un autre héros qui lui-même
raconte ses malheurs, etc.

Anachroniques parce qu'ils se rattachent
à une tradition ancienne, les romans de
Madame de Tencin n'en participent pas moins
à un type d'ouvrage qui continue à fleurir
allégrement, en dépit de tout ce qui se fait
de plus novateur autour — on a dit l'abbé
Prévost, Marivaux! Et que Madame de Tencin
écrivit précisément ces livres-là n'est finalement pas étonnant.

On a esquissé tout à l'heure une compa-
raison entre la « nouvelle historique » ou
« galante » et ses avatars, et la tragédie classique, toutes deux genres « nobles ». Menant
la vie que l'on sait mais vivant « littéraire-

ment » dans sa « ménagerie », Madame de
Tencin, femme du monde qui veut devenir
femme-auteur, ne pouvait que pasticher ce
qui était considéré comme « estimable »
autour d'elle. D'ailleurs, que sont les tragé-
dies de Voltaire, sinon de brillants pastiches
de ce que fut la tragédie du Siècle de
Louis XIV? Écrivant au milieu d'amis fins
lettrés, précieux, académiciens chenus ou à
venir, elle ne pouvait exercer son talent que
dans une langue qui était celle de son salon,
traitant une matière artificielle d'une manière
tout aussi artificieuse.

Mais voilà : Madame de Tencin a quand
même « vécu la vie que l'on sait ». Elle s'est
frottée à tous les mondes. Lorsqu'elle parle
d'une nonne échappée à son couvent, elle sait
de quoi il s'agit. De même, lorsqu'elle raconte
l'abandon d'un enfant sur les marches d'une
église. D'où un ton beaucoup plus convain-
cant, une sensibilité qui n'est parfois pas si
éloignée que cela du sentimentalisme à la
Richardson et, dans *le Siège de Calais* comme
dans *Comminges* et *les Malheurs de l'Amour*,
un langage beaucoup plus personnel, voire
plus émouvant, que chez les dames de Lussan
et d'Aulnoy.

Bien sûr, Madame de Tencin ignore le pit-
toresque, s'abstient de toute description et

utilise tous les clichés du temps : les hommes
ne sont jamais que « bien faits », les dames
ont « des traits réguliers » et rien ne nous est
jamais dit sur un paysage, sinon qu'il est
« sauvage ». Mais cela aussi était une règle de
ce temps, et le professeur Proust a justement
fait remarquer que le lecteur de l'abbé Prévost ne saura jamais rien du « corps de
Manon », ni de sa taille, ni de la couleur de
sa peau, de ses yeux ou de ses cheveux : tout
ce qu'on apprendra d'elle à l'arrivée fameuse
du coche d'Arras dans la cour de l'auberge
où Des Grieux la rencontre pour la première
fois, c'est qu'elle est « charmante »... D'ailleurs, cette manière de dire beaucoup en
disant très peu était si bien dans le goût des
salons que Voltaire écrira à Mademoiselle
Quinault : « Je lis actuellement *le Siège de
Calais;* j'y trouve un style pur et naturel que
je cherchais depuis longtemps. » C'est-à-dire
que Voltaire retrouve avec joie dans un roman
la « pureté » que lui-même fabriquait avec
délectation dans son œuvre dramatique.
Quant à l'abbé Prévost, romancier d'une autre
trempe, il admirera la « vivacité », « l'élé-
gance », la « politesse » et la « pureté » de l'art
de Madame de Tencin.

On conçoit dès lors que son œuvre ait
immédiatement connu un immense succès.

Pendant tout le XVIIIe siècle, le nombre des
éditions du *Comte de Comminges* et du *Siège
de Calais* sera considérable. Ces ouvrages
seront ensuite repris dans des collections telles
que la *Bibliothèque de Campagne* de 1749, la
Bibliothèque Universelle des romans, etc. Et
surtout le XIXe siècle verra fleurir les réédi-
tions des *Œuvres complètes* réunies ensemble
de Madame de La Fayette et de Madame de
Tencin — auxquelles on ajouta, d'ailleurs,
Madame de Fontaines : dans l'esprit de tous
leurs lecteurs, et près d'un siècle après, sa
première publication, *Comminges* ou *Calais*
étaient indissociablement liés à *la Princesse
de Clèves*. Et quelles que soient les mala-
dresses de construction que l'on trouve chez
Madame de Tencin — mais que l'on trouve
aussi, non pas dans *la Princesse*, mais dans
la *Zayde* de Madame de La Fayette —, il n'en
reste pas moins que cette parenté existe, et
que l'amorce de peinture sinon vériste, du
moins sentimentale que l'on observe dans *le
Siège de Calais* appartient déjà à l'autre versant du XVIIIe siècle.

*
* *

On a beaucoup glosé sur la paternité — ou
plutôt la maternité — réelle ou supposée des

œuvres que les bibliographes attribuent aujourd'hui sans autre interrogation à Madame de Tencin. D'abord, ces romans ont paru anonymement. Mais c'était le cas d'une bonne partie de la production romanesque du temps, surtout lorsqu'il s'agissait de « dames » qui se piquaient de littérature. Écrire des romans, « travailler » de sa plume, aurait été pour beaucoup d'entre elles déchoir. D'où ces anonymats vite percés, mais aussi d'autres paternités : de protection, en somme; des masques. C'est ainsi que Segrais n'était pas mécontent qu'on lui attribuât *Zayde*, alors que La Rochefoucauld s'affola en revanche à l'idée qu'on puisse penser qu'il avait écrit *la Princesse de Clèves*. Mais Segrais était un plumitif bourgeois et La Rochefoucauld un grand seigneur...

De la même façon a-t-on avancé les noms de d'Argental et de Pont-de-Veyle comme au moins co-auteurs, sinon auteurs complets, des livres de Madame de Tencin. Mais d'Argental était, selon cette femme redoutable : « Une âme de chiffe, incapable de prendre part aux choses qui ont quelque sérieux... Il n'est capable que de nigauderies et de faiblesses. » Quant à Pont-de-Veyle, son neveu, c'est l'abbé Raynal qui écrira : « Ce sont des gens mal instruits qui attribuent *le Siège de Calais* à

M. de Pont-de-Veyle. » Et Montesquieu aurait
confirmé de manière définitive ce point de
vue en affirmant, le jour de la mort de
Madame de Tencin : « Madame de Tencin est
l'auteur du *Comte de Comminges* et du *Siège
de Calais,* ouvrages qui ont été crus jusqu'ici
de M. de Pont-de-Veyle, son neveu : je crois
qu'il n'y a que M. de Fontenelle et moi qui
sachions ce secret... »

Il semble, en réalité, que beaucoup plus
nombreux étaient les amis que la nonne de
Grenoble avait mis dans le secret : il serait
douteux, par exemple, que Richelieu ne l'ait
pénétré. D'ailleurs, l'histoire même des circonstances qui ont présidé à la composition
du *Siège de Calais* permet d'imaginer que
l'auteur avait mis plusieurs de ses intimes
dans la confidence. On se plaignait, en effet,
dans son entourage, que tous les romans
soient construits sur le même type : une rencontre, l'amour, ses obstacles et sa conclusion
— ou son renoncement. Par gageure, Madame
de Tencin se serait piquée d'en écrire un qui
commencerait par où les autres s'achevaient.
Et c'est ainsi que dès les premières pages du
Siège de Calais, M. de Canaple recevra les
faveurs de Madame de Granson — qui ne lui
appartiendra cependant véritablement qu'à
la fin du livre. Disons pourtant que cette

capitulation sans siège de Madame de Granson devant celui qu'elle aimera ensuite tout
en se refusant à le voir, n'est due qu'à une
méprise. Et que le livre commence bel et
bien, comme tous les « romans », par un
amour « impossible » – d'autant plus impossible qu'il a été consommé dans le péché –
et s'achève par sa réalisation.

Beaucoup plus fascinant est, en fait, le portrait de M. de Canaple qui, dès le début du
roman, est présenté comme une manière de
Don Juan « aussi inconstant en amitié qu'il
l'est en amour » et qui « craint de voir les
femmes qu'il pourrait aimer » : ce n'est même
plus le Don Juan de Molière, ni encore celui
de Mozart, mais bien le Don Juan de Byron,
le séducteur tourmenté et romantique.

C'est d'ailleurs à ce titre que *le Siège de
Calais* devient tout à fait passionnant. Si les
personnages de femmes sont assez schéma-
tiquement brossés et selon les stéréotypes à
la mode, les hommes – Canaple, son compa-
gnon Châlons et leur ennemi-gentilhomme,
l'Anglais d'Arundel – sont des héros amoureux, tous séducteurs, et tous marqués d'une
étrange fatalité qui les fait échanger tour à
tour leur destin. Et à cet égard, la construction « à tiroirs » du *Siège de Calais* peut être
de convention : elle n'en est pas moins exem-

plaire. On glisse d'une aventure à l'autre,
d'un héros sombre à un autre plus sombre
encore, jusqu'à ce que, un à un, les malen-
tendus se résolvent et que chacun des trois
soldats amoureux retrouve – à la fin précisément du siège malheureux de la ville de
Calais – à la fois son destin et la femme qu'il
aime.

Siège de Calais : le moment et le lieu sont
purement de circonstance. Et qu'en 1347, les
Anglais d'Édouard III aient arraché Calais aux
Français de Philippe VI de Valois importe peu,
Madame de Tencin avait besoin d'un décor
pour mettre en scène des ennemis courtois,
et elle a choisi la chute de Calais comme elle
aurait pu retenir n'importe quelle autre date
de l'histoire de France. On l'a dit, ses chevaliers de la guerre de Cent Ans raisonnent
comme des petits marquis échappés à un salon
du faubourg Saint-Germain. Et si quelques
personnages historiques, notamment Eustache de Saint-Pierre, le « chef » des bourgeois de Calais, immortalisés par la légende
et par Rodin, apparaissent çà et là, ses Châlons et autres Canaple sont de purs personnages de fiction qui participent de très près
à une véritable action historique vaguement
esquissée.

Tout l'intérêt du livre repose donc sur ces

échanges qui s'établissent entre les personnages, ces curieux glissements, ces méprises
qui, tout droit issues de la panoplie de la
méprise romanesque conventionnelle, s'en-
chaînent avec une rigueur parfaite qui trans-
cende leur banalité pour déboucher sur une
situation parfaitement originale. A la fin du
livre, trois chevaliers, trois fois désespérés
par trois femmes qui n'en sont, au fond,
qu'une seule, finissent par s'identifier si parfaitement l'un à l'autre – amitié, fraternité
d'arme, voire hostilité de commande car l'un
est anglais et les deux autres français – qu'ils
ne sont plus que trois facettes d'un même
personnage qui est précisément ce Don Juan
romantique avant la lettre qu'on nous présente à l'instant exact où il a renoncé à en
aimer d'autres que celle qui l'a blessé de son
amour.

*
* *

On serait tenté de dire, en conclusion :
Siège de Calais terrain miné. Car la lecture
en est finalement dangereuse. Dangereuse car
si proche de tant de conventions, si raide et
si drue dans sa rigoureuse simplicité, qu'on
assimilerait aisément le livre le plus important de Madame de Tencin à n'importe quelle

autre « nouvelle galante » du moment. Mais
pour peu qu'on entrevoit l'auteur derrière
les stéréotypes et les clichés, et que la bonne
dame intrigante et défroquée nous révèle le
jeu d'enfer qu'elle fait jouer à ses personnages, alors l'aventure devient exaltante. On
évite les pièges, les mines, et Calais libéré de
ses assaillants littéraires autrement plus dis-
courtois que ses ennemis de 1347 — car la
critique moderne n'a pas plus ménagé
Madame de Tencin romancière que la sœur
du cardinal de Tencin ne l'a été par les his-
toriens! — nous apparaît comme une cité
étrange. Une tête de pont du romantisme
ancrée en plein siècle des lumières par des
chaînes de fer qui l'arriment solidement au
temps de Louis XIV.

                                   Pierre-Jean REMY.

PREMIÈRE PARTIE

Épître dédicatoire

C'est à vous que j'offre cet
ouvrage; à vous à qui je dois le
bonheur d'aimer. J'ai le plaisir de
vous rendre un hommage public,
qui cependant ne sera connu que
de vous.

Monsieur de Vienne, issu d'une des plus illustres maisons de Bourgogne, n'eut qu'une fille de son mariage avec mademoiselle de Chauvirey.

La naissance, la richesse, et surtout la beauté de mademoiselle de Vienne, lui donnèrent pour amants déclarés tous ceux qui pouvaient prétendre à l'alliance de monsieur de Vienne. Monsieur de Granson, dont la naissance n'était pas inférieure, fut préféré à ses rivaux. Quoique aimable et amoureux, il n'avait point touché le cœur de mademoiselle de Vienne; mais la vertu prit la place des sentiments. Elle remplissait ses devoirs d'une manière si naturelle, que monsieur de Granson put se croire aimé : un bonheur qui ne lui coûtait plus de soins ne le satisfit pas longtemps.

A peine une année s'était écoulée depuis
son mariage, qu'il chercha, dans de nouveaux
amusements, des plaisirs moins tranquilles.
Madame de Granson vit l'éloignement de son
mari avec quelque sorte de peine : les intérêts
de la beauté ne sont guère moins chers à une
jeune personne que ceux de son cœur.

Elle était, depuis son enfance, liée d'une
tendre amitié avec la comtesse de Beaumont,
sœur de monsieur de Canaple. Un jour que
la compagnie avait été nombreuse chez
madame de Granson, et que madame de
Beaumont s'était aperçue qu'elle ne s'était
prêtée à la conversation que par une espèce
d'effort : « J'ai envie, lui dit madame de
Beaumont, aussitôt qu'elles furent seules, de
deviner ce qui vous rend si distraite. — Ne
le devinez point, je vous prie, répondit
madame de Granson; laissez-moi vous cacher
une faiblesse dont je suis honteuse. — Vous
avez tort de l'être, répliqua madame de Beaumont; vos sentiments sont raisonnables;
monsieur de Granson a fait tout ce qu'il fallait pour se faire aimer de vous; il fait présentement tout ce qu'il faut pour vous donner
de la jalousie. — Je vous assure, dit madame
de Granson, que si j'aimais mon mari de la

façon que vous le pensez, je ne serais point honteuse de me trouver sensible à sa conduite présente; mais je ne l'ai jamais aimé qu'autant que le devoir l'exigeait : son cœur n'est point nécessaire au bonheur du mien; c'est le mépris de ce que je puis avoir d'agréments qui m'irrite. Je suis humiliée qu'une année de mariage ait éteint l'amour de mon mari; et je me reproche de me trouver des sentiments qui ne sont excusables que lorsque la tendresse les fait naître.

« Monsieur votre frère, qui ne m'a jamais vue, continua-t-elle, mais qui a été le confident de la passion de monsieur de Granson, et à qui, dans les commencements de notre mariage, il a peut-être vanté son bonheur, sera bien étonné de le trouver, à son retour, amoureux d'une autre femme. – Il devrait en être étonné, dit madame de Beaumont, et je vous assure cependant qu'il ne le sera pas, il croit qu'on ne peut être longtemps amoureux et heureux; mais aussi il est bien éloigné de penser, comme la plupart des hommes, qu'on peut, sans intéresser la probité, manquer à une femme; il est persuadé, au contraire, qu'on ne saurait mettre trop de vertu dans un engagement qui trouble sou-

vent toute la vie d'une malheureuse à qui
l'on a persuadé qu'on l'aimerait toujours.
Aussi, ajouta madame de Beaumont, mon
frère ne s'est-il jamais permis d'engagement
sérieux.

« – Je suis tout à fait fâchée, répondit
madame de Granson, de ce que vous m'ap-
prenez : la liaison qui est entre monsieur de
Canaple et monsieur de Granson, et celle qui
est entre vous et moi, m'avaient fait naître
l'espérance d'en faire mon ami; mais je crains
qu'il ne soit aussi inconstant en amitié qu'il
l'est en amour. – Ce n'est pas la même chose,
répliqua madame de Beaumont : l'amitié n'a
point, comme l'amour, un but déterminé; et
c'est ce but, une fois gagné, qui gâte tout
chez mon frère; mais je doute qu'il s'em-
presse d'être de vos amis; il craint de voir
les femmes qu'il pourrait aimer, et vous êtes
faite de façon à lui donner très légitimement
cette crainte : je crois même que, quoiqu'il
soit fort aimable, il ne vous le paraîtra point
du tout; car il faut encore vous dire ce petit
trait de son caractère; son esprit ne se montre
jamais mieux que quand il n'a rien à craindre
pour son cœur. – C'est-à-dire, répliqua
madame de Granson, qu'il fait injure toutes

les fois qu'il cherche à plaire, et qu'il faudrait l'en haïr. En vérité, vous avez un frère bien singulier; et, si vous lui ressembliez, je ne vous aimerais pas autant que je vous aime. »

Quand madame de Granson fut seule, elle ne put s'empêcher de repasser dans son esprit tout ce qu'elle venait d'entendre sur le caractère de monsieur de Canaple. « Il croit donc, disait-elle, qu'il n'a qu'à aimer pour être aimé. Ah! que je lui prouverais bien le contraire, et que j'aurais de plaisir à mortifier sa vanité! » Ce sentiment, que madame de Granson ne se reprochait pas, l'occupait plus qu'il ne méritait; elle s'informait, avec quelque sorte d'empressement, du temps où monsieur de Canaple devait venir.

Ce temps ne tarda guère. Monsieur de Granson annonça à sa femme l'arrivée de son ami, et la pria de trouver bon qu'ils logeassent ensemble, comme ils avaient toujours fait. A quelques jours de là, il lui présenta monsieur de Canaple : peu d'hommes étaient aussi bien faits que lui; toute sa personne était remplie de grâce, et sa physionomie avait des charmes particuliers dont il était difficile de se défendre.

Madame de Granson, quoique prévenue sur

son caractère, ne put s'empêcher de le voir
tel qu'il était. Pour lui, ses yeux seuls la
trouvèrent belle; et, dans cette situation où
il ne craignait rien pour son repos, il ne
contraignit point le talent qu'il avait naturellement de plaire. Attentif, rempli de soins,
il voyait madame de Granson à toutes les
heures, et il se montrait toujours avec de
nouvelles grâces; elles faisaient leur impression. Madame de Granson fut quelque temps
sans s'en apercevoir : elle croyait de bonne
foi que le dessein qu'elle avait de lui plaire
n'était que le désir de mortifier sa vanité;
mais le chagrin de n'y pas réussir l'éclaira
sur ses sentiments. « Est-il possible, disait-
elle, que je ne doive les soins du comte de
Canaple qu'à son indifférence! Mais pourquoi
vouloir m'en faire aimer? Qui m'assure que
je serais insensible? Hélas! le dépit que me
cause son indifférence ne m'apprend que trop
combien je suis faible! loin de chercher à lui
plaire, il faut au contraire éviter de le voir.
Je suis humiliée de n'avoir pu le rendre sensible; eh! que ferais-je donc s'il m'inspirait
des sentiments que je dusse me reprocher? »

Ce projet de fuir monsieur de Canaple
n'était pas aisé à exécuter : la maison de

monsieur de Granson était devenue la sienne;
elle-même y avait consenti : que penserait le
public si elle changeait de conduite? Mais, ce
qu'elle craignait beaucoup plus, que penserait monsieur de Canaple? Ne viendrait-il
point à soupçonner la vérité?

Il était difficile qu'elle conservât, au milieu
de tant d'agitations, toute la liberté de son
esprit. Elle devint triste et distraite avec tout
le monde, et inégale et presque capricieuse
avec monsieur de Canaple. Quelquefois
entraînée par son penchant, elle avait pour
lui des distinctions flatteuses; mais dès qu'elle
s'en était aperçue, elle l'en punissait en le
traitant tout à fait mal. Il était étonné et
même affligé de ce qu'il regardait comme une
inégalité d'humeur dans madame de Granson. Il lui avait reconnu tant de mérite, que,
sans prendre d'amour pour elle, il avait pris
du moins beaucoup d'estime et même beaucoup d'amitié.

Cependant les mauvais traitements augmentaient à mesure qu'il plaisait davantage :
il craignit à la fin d'avoir déplu, et il en parla
à sa sœur. « Je suis persuadée, lui dit
madame de Beaumont, que madame de
Granson aime son mari plus qu'elle ne croit.

Elle est jalouse; peut-être vous soupçonne-t-elle d'avoir part à des galanteries dont elle est blessée : voilà ce qui cause son chagrin contre vous. – Elle est bien injuste, répliqua monsieur de Canaple; mais je n'en travaillerai pas moins pour son repos. Je vais mettre en usage tout le crédit que j'ai sur son mari pour l'engager à revenir à elle. – En vérité, dit en riant madame de Beaumont, un homme qui croit que la vivacité de l'amour finit où le bonheur commence me paraît peu propre à prêcher la fidélité à un mari.

« – Quelle que soit ma façon de penser, répliqua monsieur de Canaple, il est bien sûr du moins que je ne pourrais me résoudre à rendre malheureuse une femme dont je serais aimé et que j'aurais mise en droit de compter sur ma tendresse. »

Cependant madame de Granson, toujours obligée à voir monsieur de Canaple, ne pouvait se guérir de son inclination pour lui. Elle résolut de passer une partie de l'été à Vermanton, dans une terre de son mari. Monsieur de Granson, que la présence de sa femme contraignait un peu, consentit sans peine à ce qu'elle voulait; mais il ne la laissa pas longtemps dans sa solitude. Il se brouilla

peu de temps après avec sa maîtresse. Monsieur de Canaple profita de cette conjoncture,
et lui représenta si vivement ce qu'il devait
à sa femme, qu'il l'obligea à l'aller retrouver.

L'absence de monsieur de Canaple et les
reproches qu'elle ne cessait de se faire d'être
sensible, malgré son devoir, pour un homme
dont l'indifférence ne laissait même aucune
excuse à sa faiblesse, avaient produit quelque
effet. Monsieur de Granson la trouva embel-
lie, et il se remit à l'aimer avec autant de
vivacité que jamais. Elle recevait les empressements de son mari avec plus de complaisance qu'elle n'avait encore fait : il lui
semblait qu'elle lui devait ce dédommagement, et qu'elle n'en pouvait trop faire pour
réparer le tort secret qu'elle se sentait.

Tant qu'elle avait été seule, elle avait évité,
sous ce prétexte, de recevoir du monde; la
présence de monsieur de Granson le fit cesser, et attira dans le château tous les hommes
et toutes les femmes de condition du voisi-
nage. Monsieur de Canaple, pressé par son
ami, y vint aussi. Madame de Granson, qui
s'était bien promis de ne le plus distinguer
des autres par le bien ou le mal traiter, le
reçut et vécut avec lui très poliment. Il crut

devoir ce changement au conseil qu'il avait
donné, et se confirma par là dans l'opinion
où il était déjà de la passion de madame de
Granson pour son mari.

Monsieur de Granson aimait les plaisirs;
sa femme, attentive à lui plaire, se prêtait à
tous les amusements que la campagne peut
fournir. On chassait, on allait à la pêche, et
souvent on passait les nuits entières à danser.
Le comte de Canaple faisait voir, dans tous
ces différents exercices, sa bonne grâce et son
adresse : comme il n'aimait rien, il était
galant avec toutes les femmes; il plaisait à
toutes; et parmi celles qui étaient chez
madame de Granson, il y en avait plus d'une
auprès de laquelle il eût pu réussir, s'il eut
voulu; mais il était bien éloigné de le vouloir.

Monsieur de Châlons, dont les terres étaient
peu éloignées, vint des premiers voir monsieur et madame de Granson : il avait fait
ses premières armes avec le comte de Canaple.
Ils se revirent avec plaisir, et renouèrent une
amitié qui avait commencé dès leur plus
tendre jeunesse. Monsieur de Châlons engagea le comte de Canaple de venir passer
quelque temps avec lui dans une terre qu'il
avait à une lieue de Vermanton; la chasse

était leur principale occupation. Le comte de
Canaple, entraîné à la poursuite d'un cerf,
se trouva seul au commencement de la nuit
dans la forêt. Comme il en connaissait toutes
les routes, et qu'il se vit fort près de Vermanton, il en prit le chemin. Il était tard
quand il y arriva, et celui qui lui ouvrit la
porte était si endormi, qu'à peine put-il obtenir qu'il lui donnât de la lumière. Il monta
tout de suite dans son appartement, dont il
avait toujours une clef; la lumière qu'il portait s'éteignit dans le temps qu'il en ouvrit
la porte; il se déshabilla, et se coucha le plus
promptement qu'il put.

Mais quelle fut sa surprise quand il s'aperçut qu'il n'était pas seul, et qu'il comprit,
par la délicatesse d'un pied qui vint s'appuyer
sur lui, qu'il était couché avec une femme!
Il était jeune et sensible : cette aventure, où
il ne comprenait rien, lui donnait déjà beaucoup d'émotion, quand cette femme, qui dor-
mait toujours, s'approcha de façon à lui faire
juger très avantageusement de son corps.

De pareils moments ne sont pas ceux de
la réflexion. Le comte de Canaple n'en fit
aucune, et profita du bonheur qui venait s'offrir à lui. Cette personne, qui ne s'était

presque pas éveillée, se rendormit aussitôt profondément; mais son sommeil ne fut pas respecté. Mon Dieu, dit-elle, d'une voix pleine de charme, ne voulez-vous pas me laisser dormir? La voix de madame de Granson, que le comte de Canaple reconnut, le mit dans un trouble et dans une agitation qu'il n'avait jamais éprouvés. Il regagna la place où il s'était mis d'abord, et attendit, avec une crainte qui lui ôtait presque la respiration, le moment où il pourrait sortir. Il sortit enfin, et si heureusement, qu'il ne fut vu de personne, et regagna la maison de monsieur de Châlons.

L'extase et le ravissement l'occupèrent d'abord tout entier. Madame de Granson se présentait à son imagination avec tous ses charmes; il se reprochait de n'y avoir pas été sensible; il lui en demandait pardon. « Qu'ai-je donc fait jusqu'ici? disait-il. Ah! que je réparerai bien, par la vivacité de mes sentiments, le temps que j'ai perdu! Mais, ajoutait-il, me pardonnerez-vous mon indifférence, oublierez-vous que j'aie pu vous voir sans vous adorer? »

La raison lui revint enfin, et lui fit connaître son malheur. Il vit avec étonne-

ment et avec effroi qu'il venait de trahir son
ami, et de faire le plus sensible outrage à
une femme qu'il respectait bien plus alors
qu'il ne l'avait jamais respectée. Son âme
était déchirée par la honte et le repentir qu'il
sentait pour la première fois. Il ne pouvait
durer avec lui-même : cette probité, dont il
avait fait une profession si délicate, s'élevait
contre lui, lui exagérait son crime, et ne lui
permettait aucune excuse.

« J'ai donc mérité, disait-il, la haine de la
seule femme que je pouvais aimer! Comment
oserai-je me présenter à ses yeux? irai-je braver sa colère? irai-je la faire rougir de mon
crime? Non, il faut m'éloigner pour jamais,
et lui donner, en me condamnant à une
absence éternelle, la seule satisfaction que je
lui puisse donner. »

Cette résolution ne tenait pas longtemps :
l'amour reprenait ses droits, et l'idée même
de ce crime qu'il détestait ramenait malgré
lui quelque douceur dans son âme. Il allait
jusqu'à espérer qu'il ne serait jamais connu.
Mais, si cette pensée le consolait, elle n'augmentait pas sa hardiesse. Comment oserait-
il la revoir en se sentant si coupable?

Madame de Granson ne s'était éveillée que

longtemps après le départ du comte de
Canaple. Elle avait été obligée de céder son
appartement à madame la comtesse d'Artois,
qui avait passé chez elle en allant dans ses
terres. Monsieur de Granson était parti, avant
l'arrivée de la duchesse, pour une affaire pressée, et avait assuré sa femme qu'il reviendrait
la même nuit. Elle avait cru qu'instruit par
ses gens, il était venu la trouver dans l'appartement de monsieur de Canaple. Comme
elle était prête à se lever, elle aperçut quelque
chose dans son lit qui brillait, et vit avec
surprise que c'était la pierre d'une bague qui
avait été donnée par le roi, Philippe de Valois,
au comte de Canaple, pour le récompenser
de sa valeur, et qu'il ne quittait jamais. Troublée, interdite à cette vue, elle ne savait que
penser; les soupçons qui lui venaient dans
l'esprit l'accablaient de douleur. Il lui restait
pourtant encore quelque incertitude; mais
l'arrivée de monsieur de Granson ne la lui
laissa pas longtemps.

Il vint dans la matinée, et vint en lui
faisant mille caresses, et en lui demandant
pardon de lui avoir manqué de parole. Quel
coup de foudre! son malheur, qui n'était plus
douteux, lui parut tel qu'il était. La pâleur

de son visage et un tremblement général qui la saisit firent craindre à monsieur de Granson qu'elle ne fût malade; il le lui demanda avec inquiétude, et la pressa de se remettre au lit. Loin de l'écouter, elle sortit avec précipitation d'un lieu qui lui rappelait si vivement sa honte.

Madame la comtesse d'Artois voulut partir cette même matinée. Madame de Granson ne fit nul effort pour la retenir. Le départ de monsieur de Granson, qui se crut obligé d'accompagner madame la comtesse d'Artois jusque chez elle, lui donna la triste liberté de se livrer à sa douleur, il n'y en eut jamais de plus sensible : elle se voyait offensée de la manière la plus cruelle, par un homme qu'elle avait eu la faiblesse d'aimer. Elle s'en croyait méprisée; et cette pensée lui donnait tant de ressentiment contre lui, qu'elle le haïssait alors autant qu'elle l'avait aimé.

« Quoi! disait-elle, cet homme qui craindrait de manquer à la probité, s'il laissait croire à une femme qu'il a de l'amour pour elle, cesse d'être vertueux pour moi seule; encore si j'avais dans mon malheur l'espérance de me venger. Mais il faut étouffer mon ressentiment pour en cacher la honteuse

cause. Que deviendrais-je, grand Dieu, si ce
funeste secret pouvait être pénétré. »

Elle passa le jour et la nuit dans sa triste
pensée. Son mari revint le lendemain, et avec
lui plusieurs personnes de qualité, à qui il
avait fait promettre de le venir voir.
Madame de Beaumont était du nombre. Dans
toute autre circonstance, madame de Granson l'aurait vue avec plaisir; mais madame
de Beaumont était sœur de monsieur de
Canaple : sa présence redoublait l'embarras
de madame de Granson. Pour y mettre le
comble, elle demanda à son amie des nouvelles de son frère. Madame de Granson
répondit en rougissant, et d'un air interdit,
qu'il n'était pas dans le château, et se pressa
de changer de conversation.

Madame de Beaumont ne fut pas longtemps sans s'apercevoir de la tristesse profonde où son amie était plongée. « Ne me
direz-vous point, lui dit-elle un jour qu'elle
la trouva baignée dans ses larmes, ce qui
cause l'affliction où je vous vois? – Je ne le
sais pas moi-même », répondit madame de
Granson. Madame de Beaumont fit encore
quelque instance; mais elle vit si bien qu'elle

augmentait le chagrin de son amie, qu'elle cessa de lui en parler.

Il y avait déjà plusieurs jours que monsieur de Canaple était absent. Monsieur de Granson lui écrivit pour le presser de revenir. Il en conclut que madame de Granson n'était pas instruite; et, pressé par le désir de la revoir, il se mit promptement en chemin; mais, à mesure qu'il approchait, ses espérances s'évanouissaient et sa crainte augmentait; et peut-être serait-il retourné sur ses pas, s'il n'avait été rencontré par un homme de la maison.

Il arriva si troublé, si éperdu, qu'à peine pouvait-il se soutenir. Tout le monde était occupé au jeu. Madame de Granson seule rêvait dans un coin de la chambre : il alla à elle d'un pas chancelant, et, sans oser la regarder, dit quelques paroles mal articulées. Le trouble où elle était elle-même ne lui permit pas de faire attention à celui du comte de Canaple.

Ils gardaient le silence l'un et l'autre, quand elle laissa tomber un ouvrage qu'elle tenait; il s'empressa pour le relever, et, en le lui présentant, sans en avoir le dessein, sa main toucha celle de madame de Granson.

Elle la retira avec promptitude, et jeta sur
lui un regard plein d'indignation. Il fut ter-
rassé; et, ne pouvant plus être maître de lui-
même, il alla s'enfermer dans sa chambre.
Ce lieu où il avait été si heureux présentait
en vain des images agréables à son souvenir,
il ne sentait que le malheur d'être haï.

La façon dont madame de Granson l'avait
regardé, son air embarrassé, son silence, tout
montrait qu'elle connaissait son crime.
« Hélas! disait-il, si elle pouvait aussi
connaître mon repentir! Mais il ne m'est
pas permis de le lui montrer : il ne m'est
pas permis de mourir à ses pieds. Que je
connaissais mal l'amour, quand je croyais
qu'il ne subsistait qu'à l'aide des désirs! Ce
n'est pas la félicité dont j'ai joui que je
regrette; elle ne serait rien pour moi, si le
cœur n'en assaisonnait le don. Un regard
ferait mon bonheur. » Il résolut ensuite de
faire perdre à madame de Granson, par son
respect et sa soumission, le souvenir de ce
qui s'était passé, et de se conduire de façon
qu'elle pût se flatter que lui-même ne s'en
souvenait plus. L'amitié qui était entre lui
et monsieur de Granson ne mettait point
d'obstacle à son dessein. Il ne s'agissait pas

d'être aimé; il voulait seulement n'être pas haï.

Madame de Beaumont apprit, à son retour de la promenade, l'arrivée de son frère; elle alla le chercher avec empressement. Ils se demandèrent compte l'un à l'autre de ce qu'ils avaient fait depuis qu'ils s'étaient vus; et ce fut pour la première fois que le comte de Canaple se déguisa à une sœur qu'il aimait tendrement.

Il eût cependant cédé au désir de parler de madame de Granson, s'il n'avait senti qu'il ne lui serait pas possible de prononcer ce nom comme il le prononçait autrefois. Madame de Beaumont prévint la question qu'il n'osait lui faire. « Vous avez réussi, lui dit-elle; Granson est plus amoureux de sa femme qu'il ne l'a jamais été. — Elle est donc bien contente? dit monsieur de Canaple avec un trouble qu'il eut de la peine à cacher. — Je n'y comprends rien, répliqua madame de Beaumont; elle aime son mari, elle en est aimée; cependant elle a un chagrin secret qui la dévore, et qui lui arrache même des larmes. »

Ces paroles pénétrèrent monsieur de Canaple de la plus vive douleur. Il ne voyait

que trop qu'il était l'auteur de ces larmes;
et la jalousie, qui commençait à naître dans
son cœur contre un mari aimé, achevait de
le désespérer. Il eût bien voulu rester seul;
mais il fallait rejoindre la compagnie : malgré
tous ses efforts, il parut d'une tristesse qui
fut remarquée par madame de Granson; celle
où elle était plongée elle-même en devint un
peu moindre.

On soupa; on passa la soirée à différents
jeux; le hasard plaça toujours monsieur de
Canaple auprès de madame de Granson. Il ne
pouvait s'empêcher d'attacher les yeux sur
elle; mais il les baissait d'un air timide dès
qu'elle s'en apercevait, et il semblait lui
demander pardon de son audace.

Il se rappela qu'elle lui avait écrit autrefois
quelques lettres qu'il avait gardées. L'impatience de les relire ne lui permit pas d'attendre son retour à Dijon. Il envoya un valet
de chambre chercher la cassette qui les ren-
fermait. Ces lettres lui paraissaient alors bien
différentes de ce qu'elles lui avaient paru
autrefois. Quoiqu'elles ne continssent que des
bagatelles, il ne pouvait se lasser de les relire;
les témoignages d'amitié qui s'y trouvaient
lui donnèrent d'abord un plaisir sensible :

mais ce plaisir fut de peu de durée; il n'en sentait que mieux la différence du traitement qu'il éprouvait alors.

Madame de Granson était pourtant moins animée contre lui; la conduite respectueuse qu'il gardait avec elle faisait peu à peu son effet, mais elle ne diminuait ni sa honte ni son embarras; peut-être même en étaient-ils augmentés. Monsieur de Granson y mettait le comble par les empressements peu ménagés qu'il avait pour elle. Il en coûtait à sa modestie d'y répondre; et n'y répondre point eût été une espèce de faveur pour le comte de Canaple, qui en était souvent le témoin.

Que ne souffrait-il pas dans ces occasions! Il sortait quelquefois si désespéré de la chambre de madame de Granson, qu'il formait le dessein de n'y rentrer jamais. « Je me suis plongé moi-même dans l'abîme où je suis, disait-il : sans moi, sans mes soins, Granson, livré à son inconstance, aurait donné tant de dégoût à sa femme, qu'elle aurait cessé de l'aimer, et je serais du moins délivré du supplice de la voir sensible pour un autre. Mais, reprenait-il, ai-je oublié que cet homme qui excite ma jalousie est mon ami? Voudrai-je lui enlever les douceurs de

son mariage? Est-il possible que la passion
m'égare jusqu'à ce point? Je ne connais plus
d'autres sentiments, d'autres devoirs, que
ceux de l'amour. Tout ce que j'avais de vertu
m'est enlevé par cette funeste passion; et, loin
de la combattre, je cherche à la nourrir. Je
me fais de vains prétextes de voir madame de
Granson que je devrais fuir. Il faut m'éloigner, et regagner, si je puis, cet état heureux
où je pouvais être moi-même, où je pouvais,
avec satisfaction, connaître le fond de mon
âme. »

Monsieur de Canaple n'était pas le seul
qui prenait cette résolution : c'était pour
l'éviter que madame de Granson était venue
à la campagne; le même motif la pressait de
retourner à Dijon.

Madame de Beaumont et le reste de la
compagnie partirent quelques jours avant
celui où madame de Granson avait fixé son
départ. Le seul comte de Canaple demeura;
il crut que, dans le dessein où il était de fuir
madame de Granson pour jamais, il pouvait
se permettre la satisfaction de la voir encore
deux jours. Elle évitait avec un soin extrême
de se trouver avec lui, et, quoiqu'il le désirât,

il se craignait trop lui-même pour en chercher l'occasion.

Le hasard fit ce qu'il n'eût osé faire. La
veille du jour marqué pour leur départ, il
alla se promener dans un bois qui était près
du château. Sa promenade avait duré déjà
assez longtemps, quand il aperçut madame de
Granson assise sur le gazon à quelques pas
de lui. Sans savoir même ce qu'il faisait, il
s'avança vers elle. La vue du comte de
Canaple, si proche d'elle, la fit tressaillir, et,
se levant d'un air effrayé, elle s'éloigna avec
beaucoup de diligence. Loin de faire effort
pour la retenir, l'étonnement et la confusion
l'avaient rendu immobile, et monsieur de
Granson, qui le cherchait pour lui faire part
des lettres qu'il venait de recevoir, le trouva
encore dans la même place, si enfoncé dans
ses pensées, qu'il lui demanda plus d'une fois
inutilement ce qu'il faisait là.

Il répondit enfin le mieux qu'il put à cette
question. Monsieur de Granson, occupé de ce
qu'on lui mandait, ne fit nulle attention à
sa réponse. « La trêve, lui dit-il, vient d'être
rompue entre la France et l'Angleterre. Monsieur de Vienne, mon beau-père, est nommé
gouverneur de Calais; on croit qu'Édouard

en veut à la Picardie, et que tout l'effort de
la guerre sera de ce côté-là. Il ne me conviendrait pas de rester chez moi, tandis que toute
la France sera en armes : je veux offrir mes
services au roi; mais, comme mon beau-père,
qui a ordre de partir pour son gouvernement,
ne peut me présenter, j'attends ce service de
votre amitié.

« — Un homme comme vous, répondit le
comte de Canaple, se présente tout seul; je
ferai cependant ce qui conviendra : mais, si
vous voulez que nous allions ensemble à la
cour, nous n'avons pas un·moment à perdre.
La compagnie de gens d'armes que j'ai l'honneur de commander est actuellement en
Picardie. Jugez quelle serait ma douleur si,
pendant mon absence, il y avait quelque
action. — Je ne vous demande, lui dit monsieur de Granson, que deux jours. — J'irai,
répliqua le comte de Canaple, vous attendre
à Dijon, où j'ai quelque affaire à régler. »

Le comte de Canaple, qui craignait, après
ce qui venait de se passer, la vue de madame
de Granson, trouvait une espèce de consolation dans la nécessité où il était de partir.
Mais il pensa bien différemment lorsqu'en
arrivant au château il apprit que, sous le

prétexte d'une indisposition, elle s'était mise
au lit, et qu'elle avait ordonné que personne
n'entrât dans sa chambre. Cet ordre, dont il
ne vit que trop qu'il était l'objet, le pénétra
de douleur. « Si j'avais pu la voir, disait-il,
ma tristesse lui aurait dit ce que je ne puis
lui dire. Peut-être m'accuse-t-elle de hardiesse : elle aurait du moins pu lire dans mes
yeux et dans toute ma contenance combien
j'en suis éloigné. L'absence ne me paraissait
supportable qu'autant qu'elle était une
marque de mon respect; ce n'est qu'à ce prix
que je puis m'y résoudre. Il faut du moins
que madame de Granson sache que je la fuis
pour m'imposer les lois qu'elle m'imposerait,
si elle daignait m'en donner. »

Il ne pouvait se résoudre à s'éloigner; il
espérait que monsieur de Granson entrerait
dans la chambre de sa femme, et qu'il pourrait le suivre; mais madame de Granson, qui
craignait ce que le comte de Canaple espérait,
fit prier son mari de la laisser reposer.

Il fallut enfin, après avoir fait tout ce qui
lui fut possible, partir sans la voir. La compagnie de gens d'armes de monsieur de Châlons
était aussi en Picardie. Le comte de Canaple
résolut de passer chez son ami pour l'ins-

truire de ce qu'il venait d'apprendre. Monsieur de Châlons n'était pas chez lui : il arriva tard, et retint le comte de Canaple si longtemps, qu'il ne put partir que le lendemain.

Il avait marché une partie de la journée, quand, en montant une colline, un de ses gens lui fit apercevoir un chariot des livrées de monsieur de Granson, que les chevaux entraînaient avec beaucoup de violence dans la pente de la colline. Il reconnut bientôt une voix dont il entendit les cris : c'était celle de madame de Granson. Il vola à la tête des chevaux : après les avoir arrêtés, il s'approcha du chariot. Madame de Granson y était évanouie; il la prit entre ses bras et la porta sur un petit tertre de gazon. Tous ceux de l'équipage, occupés à raccommoder le chariot ou à aller chercher du secours dans une maison voisine, le laissèrent auprès d'elle. Il y était seul : elle était entre ses bras. Quel moment, s'il avait pu en goûter la douceur! Mais il ne devait qu'à la fortune seule l'avantage dont il jouissait : madame de Granson n'y aurait pas donné son aveu.

Elle reprit connaissance dans le temps que ceux qui étaient allés chercher du secours revenaient; et, sans avoir tourné les yeux sur

le comte de Canaple, elle demanda de l'eau;
il s'empressa de lui en présenter : elle le
reconnut alors, et son premier mouvement
fut de le refuser. La tristesse qu'elle vit dans
ses yeux ne lui en laissa pas la force; elle prit
ce qu'il lui présentait. Cette faveur, qui n'en
était une que par le premier refus, répandit
dans l'âme du comte de Canaple une joie qu'il
n'avait jamais éprouvée. Madame de Granson
se reprochait ce qu'elle venait de faire.
Embarrassée de ce qu'elle devait dire, elle
gardait le silence, quand monsieur de Granson vint encore augmenter son embarras.
Elle lui laissa le soin de remercier monsieur
de Canaple du secours qu'elle en venait de
recevoir; et, sans lever les yeux, sans prononcer une parole, elle remonta dans son
chariot.

Monsieur de Canaple, qui n'était plus sou-
tenu par le plaisir de voir madame de Granson, s'aperçut qu'il avait été blessé en arrêtant
les chevaux. Comme il avait peine à monter
à cheval, monsieur de Granson lui proposa
d'aller se mettre dans le chariot de sa femme.
Mais, quelque plaisir qu'il eût trouvé à être
plusieurs heures avec elle, la crainte de lui
déplaire et de l'embarrasser lui donna le cou-

rage de refuser une chose qu'il aurait voulu accepter aux dépens de sa vie.

Madame de Granson fut pendant toute la route dans une confusion de pensées et de sentiments qu'elle n'osait examiner. Elle aurait voulu, s'il lui eût été possible, ne se souvenir ni des offenses ni des services du comte de Canaple. L'accident qui lui était arrivé, en lui fournissant le prétexte de garder le lit, la dispensa de le voir.

Les témoignages que monsieur de Canaple rendit de monsieur de Granson en le présentant au roi lui attirèrent de la part de ce prince des distinctions flatteuses. Dès que monsieur de Canaple ne se crut plus nécessaire au service de son ami, il alla en Picardie rejoindre sa troupe. Monsieur de Châlons, animé d'un désir qui n'était pas moins fort que celui de la gloire, l'avait devancé. Ils s'étaient donné rendez-vous à Boulogne. Monsieur de Canaple fut étonné de ne l'y pas trouver, et d'apprendre qu'il ne s'y était arrêté qu'un moment, et qu'on ignorait où il était. Inquiet pour son ami d'une absence qui, même dans la circonstance présente, pouvait faire tort à sa fortune, il allait envoyer à Calais, où on lui avait dit qu'il pourrait en apprendre des nouvelles, lorsqu'un homme attaché à monsieur de Châlons vint le prier de l'aller joindre dans un lieu qu'il lui indiqua.

Le comte de Canaple fut surpris de trouver monsieur de Châlons dans son lit, et d'apprendre qu'il était blessé. Il allait lui en demander la cause; monsieur de Châlons prévint ses questions. « J'ai besoin de votre secours, lui dit-il, dans l'occasion la plus pressante de ma vie. Ne croyez cependant pas, mon cher Canaple, que ce soit à ce besoin que vous deviez ma confiance. Je vous aurais dit en Bourgogne ce que je vais vous dire, si votre sévérité sur tout ce qui est galanterie et amour ne m'avait retenu. – Vous avez eu tort, dit monsieur de Canaple, de craindre ce que vous appelez ma sévérité : je ne condamne l'amour que parce que les hommes y mettent si peu d'importance, qu'il finit toujours par de mauvais procédés avec les femmes. – Vous allez juger, reprit monsieur de Châlons, si je mérite des reproches de cette espèce.

« Mon père m'envoya, il y a environ deux ans, en Picardie, recueillir la succession de ma mère. Je fus dans une terre considérable, située à quelque distance de Calais, qui lui appartenait. Les affaires ne remplissaient pas tout mon temps. Je cherchai des amusements conformes à mon âge et à mon humeur. Un gentilhomme de mes voisins me mena chez le comte de Mailly, qui passait l'automne dans une terre peu éloignée de la mienne. Il fit de son mieux pour me bien recevoir : mais la beauté de mademoiselle de Mailly, sa fille, qui était avec lui, aurait pu lui en épargner le soin. Je n'ai point vu de traits plus réguliers, et, ce qui se trouve rarement ensemble, plus de grâce et d'agrément. Son esprit répond à sa figure, et je crus la beauté de son âme supérieure à l'un et à l'autre. Je l'aimai aussitôt que je la vis; je ne fus pas longtemps sans le lui dire. Mais, quoiqu'elle m'ait flatté souvent depuis que son cœur s'était déclaré d'abord pour moi, je n'eus le plaisir de le lui entendre dire que lorsque mon amour fut approuvé par monsieur de Mailly.

« Le consentement de mon père manquait seul à mon bonheur : je me disposai à aller le lui demander; et, bien sûr de l'obtenir, je partis sans affecter une tristesse que je ne sentais pas. C'était presque ne point quitter mademoiselle de Mailly que d'aller travailler

à ne m'en plus séparer. Je lui disais naturellement tout ce que je pensais. « Je n'en
suis point étonnée, me répondit-elle; les occu-
pations que vous allez avoir, dont je suis
l'objet, vous tiendront lieu de moi. Ma situation est bien différente : je vais être sans
vous, et je ne ferai rien pour vous. »

« Mon père reçut la proposition du mariage
comme je l'avais espéré : il se disposait même
à partir avec moi; mais tous nos projets furent
renversés par une lettre qu'il reçut du roi :
ce prince lui mandait qu'il allait remettre
les Flamands dans leur devoir, qu'il avait
besoin d'être secondé par ses bons serviteurs,
qu'il lui ordonnait de le venir joindre avec
moi; que, le destinant à des emplois plus
importants, il me donnerait à commander la
compagnie de gens d'armes que mon père
commandait alors.

« Les mouvements de l'armée qui s'assem-
blait de tous côtés ne nous permettaient pas
de différer notre départ; et, malgré la douleur
que j'en ressentais, je ne pouvais me dissimuler ce qu'exigeaient de moi l'honneur et
le devoir. J'écrivis à monsieur le comte de
Mailly la nécessité où j'étais de différer mon
mariage jusqu'à mon retour de Flandre, et

la peine que me causait ce retardement. Que
ne dis-je point à sa fille! Cette absence, bien
différente de la première, ne m'offrait aucun
dédommagement, et me laissait en proie à
toute ma douleur. Il n'y en a jamais eu de
plus sensible, et si la crainte de me rendre
indigne de ce que j'aimais ne m'avait sou-
tenu, je n'aurais pas eu la force de m'éloigner. Les réponses que je reçus de Calais
augmentèrent encore mon amour.

« La bataille de Cassel, où vous acquîtes
tant de gloire, me coûta mon père. Je sentis
vivement cette perte, et j'allai chercher auprès
de mademoiselle de Mailly la seule consolation que je pouvais avoir. Il y avait quelque
temps que je n'avais eu de ses nouvelles : j'en
attribuais la cause à la difficulté de me faire
tenir ses lettres, et je n'avais sur cela que
cette espèce d'inquiétude si naturelle à ceux
qui aiment. Je volai à Calais, où j'appris
qu'elle était avec monsieur de Mailly. Je la
trouvai seule chez elle; et, au lieu de la joie
que j'attendais, elle me reçut avec des larmes.

« Je ne puis vous dire à quel point j'en fus
troublé. «Vous pleurez! m'écriai-je; grand
Dieu, que m'annoncent ces larmes? — Elles
vous annoncent, me répondit-elle en pleu-

rant toujours, que notre fortune est changée, et que mon cœur ne l'est point. – Ah! repris-je avec transport. Monsieur de Mailly veut manquer aux engagements qu'il a pris avec moi? – Mon père, reprit-elle, est plus à plaindre qu'il n'est coupable; écoutez, et promettez que vous ne le haïrez pas. »

« Quelque temps après votre départ, il vit dans une maison madame du Boulay. Quoiqu'elle ne soit plus dans la première jeunesse, elle en a conservé la fraîcheur et les agréments. La manière adroite dont elle a vécu avec un mari d'un âge très différent du sien, et d'une humeur difficile, lui a attiré l'estime de ceux qui ne jugent que par les apparences. Elle joint à tous ces avantages l'esprit le plus séduisant. Maîtresse de ses goûts et de ses sentiments, elle n'a que ceux qui lui sont utiles.

« Mon père, dont l'âme est susceptible de passion, prit de l'amour pour elle, et lui promit de l'épouser. « J'ai un fils qui m'aime, lui répondit-elle, et qui, par sa naissance et par ses qualités personnelles, est digne de mademoiselle de Mailly; si vous m'aimez autant que vous le dites, il faut, pour m'autoriser à me donner à vous, que nous ne fassions qu'une même famille. »

« Mon père était amoureux, continua mademoiselle de Mailly : sans se souvenir des engagements qu'il avait pris avec vous, il vint me proposer d'épouser monsieur du Boulay. La douleur que me donna cette proposition rappela toute sa tendresse pour moi; il ne me déguisa point la violence de sa passion; il finit par me dire qu'il ne me contraindrait jamais, et qu'il voulait, si je consentais à son bonheur, tenir ce sacrifice de mon amitié, et nullement de mon obéissance : voilà où j'en suis. Il ne me parle de rien; mais sa douleur, dont je ne m'aperçois que trop, m'en dit plus qu'il ne m'en dirait lui-même. Il faut que l'un de nous deux sacrifie son bonheur au bonheur de l'autre. Est-ce mon père qui doit faire ce sacrifice, et dois-je l'exiger? »

« Je ne répondis à mademoiselle de Mailly que par les marques de mon désespoir. Je crus n'en être plus aimé. « Je vais, me dit-elle, vous faire sentir toute votre injustice, et vous donner une nouvelle preuve de l'estime que j'ai pour vous. Vous connaissez ma situation; vous m'aimez, vous savez que je vous aime : décidez de votre sort et du mien, mais prenez vingt-quatre heures pour vous y déterminer. »

« Elle me quitta à ces paroles, et me laissa dans l'état que vous pouvez juger. Plus j'aimais, plus je craignis de l'engager dans des démarches qui pouvaient intéresser sa gloire et son repos. Je connaissais combien son père lui était cher; je savais que le malheur de ce père deviendrait le sien. Après les vingt-quatre heures qu'elle m'avait données, je la revis sans avoir le courage de me rendre heureux ni misérable; et nous nous quittâmes sans avoir pris aucune résolution.

« A quelques jours de là, elle me rendit compte d'une conversation qu'elle avait eue avec son père. Il renonçait à l'autorité que la nature lui avait donnée, et la rendait par là plus forte; il n'employait auprès de sa fille que les prières. « Vous êtes plus sage que moi, lui disait-il; essayez de triompher de vos sentiments; obtenez de vous d'être un temps sans voir monsieur de Châlons : si, après cela, vous pensez de même, je vous promets, et je me promets à moi-même, que, quoiqu'il m'en puisse coûter, je vous laisserai libre. » Je ne puis, me dit mademoiselle de Mailly, refuser à mon père ce qu'il veut bien me

demander, et ce qu'il pourrait m'ordonner.
Comme je suis de bonne foi, je vous avouerai
encore que je ferai mes efforts pour lui obéir;
je sens qu'ils seront inutiles : vous êtes bien
puissant dans mon cœur, puisque vous l'em-
portez sur mon père. — Ah! m'écriai-je, vous
ne m'aimez plus, puisque vous formez le dessein de ne me plus aimer. » Mademoiselle de
Mailly ne répondit à mes reproches que par
la douleur dont je voyais bien qu'elle était
pénétrée. Nous restâmes encore longtemps
ensemble : nous ne pouvions nous quitter.
Elle m'ordonna enfin de partir, et de lui laisser le soin de notre fortune. « J'espère, me
dit-elle, que je trouverai le moyen de satisfaire tous les sentiments de mon cœur. »

« Il fallut obéir : je vins en Bourgogne, où
j'appris, au bout de quelques mois, que
madame de Boulay avait épousé monsieur de
Mailly. Je ne pouvais revenir de ma surprise,
de ce que mademoiselle de Mailly ne m'avait
point instruit de ce mariage : cette conduite,
toute impénétrable qu'elle était pour moi, me
donnait de l'inquiétude et de la douleur, et
ne me donnait aucun soupçon.

« Je lui avais promis de ne faire aucune
démarche que de concert avec elle; mais,

comme je ne recevais nulle nouvelle, je me déterminai à aller à Calais *incognito*. Quelque empressement que j'eusse d'exécuter ce projet, il fallut obéir à un ordre que le roi me donna d'aller à Gand conférer avec le comte de Flandre. Dès que les affaires sur lesquelles j'avais à traiter furent terminées, je pris la route de Calais. Je me logeai dans un endroit écarté, et j'envoyai aux nouvelles un homme adroit et intelligent, dont je connaissais la fidélité.

« Après quelques jours, il me rapporta que monsieur du Boulay était très amoureux de mademoiselle de Mailly, qu'il en était jaloux, que les assiduités de milord d'Arundel, qui avait paru très attaché à mademoiselle de Mailly pendant le séjour qu'il avait fait à Calais, lui avaient donné et beaucoup d'inquiétude et beaucoup de jalousie; que monsieur de Mailly était parti pour la campagne avec toute sa famille.

« Je savais que milord d'Arundel est un des hommes du monde les plus aimables; il était amoureux de ma maîtresse; et cette maîtresse paraissait me négliger depuis longtemps. En fallait-il davantage pour faire naître ma jalousie? Malgré ce qu'on venait

de me dire que mademoiselle de Mailly n'était
pas à Calais, mon inquiétude me conduisit
dans la rue où elle logeait. Il était nuit. Il
régnait un profond silence dans la maison;
j'aperçus cependant de la lumière dans l'appartement de mademoiselle de Mailly; je crus
qu'elle n'était point partie, qu'elle était peut-
être seule, et qu'à l'aide de quelque domestique il n'était pas impossible que je ne puisse
m'introduire chez elle. Le plaisir que j'aurais
de la revoir, après une si longue absence,
m'occupait si entièrement, qu'il faisait disparaître la jalousie que je venais de conce-
voir, quand cette porte, sur laquelle j'avais
constamment les yeux, s'ouvrit : j'en vis sortir une femme que, malgré l'obscurité, je
reconnus pour être à mademoiselle de Mailly.

« Je m'avançai vers elle; il me sembla
qu'elle me reconnaissait : mais, loin de m'attendre, elle s'éloigna avec beaucoup de vitesse.
L'envie de m'éclaircir d'un procédé qui
m'étonnait, et de savoir ce qui l'obligeait de
sortir à une heure si indue, m'engagea à la
suivre; après avoir traversé plusieurs rues,
elle entra dans une maison, en sortit un instant après avec une autre femme, et revint
chez monsieur de Mailly. Je la suivais tou-

jours, et de si près, que celui qui lui ouvrit
la porte crut apparemment que j'étais avec
elles, et me laissa entrer.

« Elles furent tout de suite à l'appartement
de mademoiselle de Mailly; elles étaient si
occupées, et allaient si vite, qu'elles ne prirent
pas garde à moi; j'aurais pu même entrer dans
la chambre : mais, quoiqu'elle fût fermée, il
m'était aisé de comprendre qu'il s'y passait
quelque chose d'extraordinaire. Je rêvais à ce
que ce pouvait être, quand des cris que j'entendais de temps en temps, qui furent suivis
peu de moments après de ceux d'un enfant,
m'éclaircirent cet étrange mystère. Je ne puis
vous dire ce qui me passait alors dans l'esprit;
un état si violent ne permet que des sentiments confus. Le battement de mon cœur,
l'excès de mon trouble et de mon saisissement,
étaient ce que je sentais le mieux.

« La femme que j'avais vue entrer avec
celle de mademoiselle de Mailly sortit. Je la
suivis, sans avoir de pensée ni de dessein
déterminé, elle portait avec elle l'enfant qui
venait de naître. Ceux qui font la ronde dans
les places de guerre passaient alors : je ne
sais si elle eut peur d'en être reconnue, ou
si elle exécutait ses ordres : mais elle ne les

eut pas plutôt aperçus, qu'elle mit l'enfant à
une porte et gagna une rue détournée.

« Ce n'était pas de moi que cette petite
créature devait attendre du secours; je lui en
donnai cependant, par un sentiment de pitié
où il entrait une espèce d'attendrissement
pour la mère : il me parut aussi que c'était
me venger d'elle que d'avoir son enfant en
ma puissance. Je le remis à la femme chez
qui je logeais sans avoir eu la force de le
regarder, et je fus me renfermer dans ma
chambre, abîmé dans mes pensées : plus je
rêvais à cette aventure, moins je la compre-
nais. Mon cœur était si accoutumé à aimer
et à estimer mademoiselle de Mailly, il m'en
coûtait tant de la trouver coupable, que j'en
démentais mes oreilles et mes yeux. Elle
n'avait pu me trahir; elle n'avait pu se manquer à elle-même. Je concluais qu'il y avait
quelque chose à tout cela que je n'entendais
point.

« Je formais la résolution de m'en éclaircir, lorsque la femme à qui je venais de
remettre cette petite créature, persuadée que
j'en étais le père, vint l'apporter pour me
faire, disait-elle, admirer son extrême beauté.
Quoique j'en détournasse la vue avec hor-

reur, je ne sais comment j'aperçus qu'il était
couvert d'une hongreline faite d'une étoffe
étrangère que j'avais donnée à mademoiselle
de Mailly. Quelle vue, mon cher Canaple; et
que ne produisit-elle pas en moi! il semblait
que je ne me connaissais trahi que depuis ce
moment; tout ce que je venais de penser
s'évanouit. Je rejetai avec indignation des
doutes qui avaient suspendu en quelque sorte
ma douleur; elle devint alors extrême, et mon
ressentiment lui fut proportionné; peut-être
lui aurais-je tout permis, si un événement
singulier qui me força de sortir de Calais dès
le lendemain n'avait donné à ma raison le
temps de reprendre quelque empire.

« Je ne puis vous dépeindre l'état où j'étais;
je m'attendrissais sur moi-même; mon cœur
sentait qu'il avait besoin d'aimer. Je me trouvais plus malheureux de renoncer à un état
si doux, que je ne l'étais d'avoir été trahi.
Enfin, bien moins irrité qu'affligé, toutes mes
pensées allaient à justifier mademoiselle de
Mailly. Je ne pouvais avoir de paix avec moi-
même que lorsque j'étais parvenu à former
des doutes. Je lui écrivais, et je lui faisais des
reproches; ils étaient accompagnés d'un respect que je sentais toujours pour elle, et dont

un honnête homme ne doit jamais se dispenser pour une femme qu'il a aimée. Ma lettre fut rendue fidèlement; mais, au lieu que la réponse que j'attendais, on me la renvoya sans avoir daigné l'ouvrir.

« Le dépit que m'inspira cette marque de mépris me fit prendre la résolution de triompher de mon amour, que je n'avais point prise jusque-là, ou que du moins j'avais prise faiblement. Pour mieux y réussir, je me remis dans le monde, que j'avais presque quitté; je vis des femmes; je voulais qu'elles me parussent belles, je leur cherchais des grâces; et, malgré moi, mon esprit et mon cœur faisaient des comparaisons qui me rejetaient dans mes premières chaînes.

« Nous sommes partis, vous et moi, pour venir joindre notre troupe. Dès que j'ai été à portée de mademoiselle de Mailly, le désir de la voir et de m'éclaircir s'est réveillé dans mon cœur. J'ai dans la tête qu'elle est mariée, et que quelque raison que je ne sais pas l'oblige à cacher son mariage. L'enfant que j'ai en ma puissance, et que j'ai vu exposer, ne s'accorde pas trop bien avec cette idée; mais mon cœur a besoin d'estimer ce qu'il ne peut s'empêcher d'aimer.

« J'ai été trois nuits de suite à Calais; j'ai passé les deux premières à me promener autour de la maison de monsieur de Mailly; je fus attaqué, la troisième, par trois hommes qui vinrent sur moi l'épée à la main; je tirai promptement la mienne; et, pour n'être pas pris derrière, je m'adossai contre une muraille. L'un de mes trois adversaires fut bientôt hors de combat : je n'avais fait jusque-là que me défendre; je songeai alors à attaquer, et je fus si heureux, que mon dernier ennemi, après avoir reçu plusieurs blessures, tomba dans son sang. J'en perdais beaucoup moi-même; et, me sentant affaiblir, je me hâtai de gagner le lieu où un homme que j'avais avec moi m'attendait. Il étancha mon sang le mieux qu'il lui fut possible. Mes blessures ne se sont point trouvées dangereuses; et si mon esprit me laissait quelque repos, j'en serais bientôt quitte : mais, bien éloigné de ce repos, la lettre que je reçus hier, et que voici, me jette dans un nouveau trouble et dans une nouvelle affliction. »

Cette lettre, que monsieur de Canaple prit des mains de son ami, était telle :

« Ne perdez point de temps pour vous éloigner d'un lieu où l'on conspire votre perte.

Je devrais peut-être me ranger du côté de
vos ennemis : mais, malgré votre trahison,
je me souviens encore que je vous ai aimé,
et je sens que mon indifférence pour vous
sera plus assurée lorsque je n'aurai rien à
craindre pour votre vie. »

« Moi! des trahisons! s'écria monsieur de
Châlons lorsque monsieur de Canaple eut
achevé de lire; et c'est mademoiselle de Mailly
qui m'en accuse! Elle veut que je sois coupable! elle veut que je ne l'aie pas bien aimée!
Comprenez-vous, ajouta-t-il, la sorte de douleur que j'éprouve? Non, vous ne la compre-
nez pas; il faut aimer pour savoir que la plus
grande peine de l'amour est celle de ne pouvoir persuader que l'on aime. Hélas! on ne
m'a peut-être manqué que par vengeance!
Grand Dieu! que je serais heureux! tout serait
pardonné, tout serait oublié, si je pouvais
penser que j'ai toujours été aimé! Je ne puis
vivre dans la situation où je suis. Il faut,
mon cher Canaple, que vous alliez à Calais,
que vous parliez à mademoiselle de Mailly :
votre nom vous donnera facilement l'entrée
dans la maison de son père; mais ne lui dites
rien qui puisse l'offenser : je mourrais de
douleur si je l'exposais à rougir devant vous;

je veux seulement qu'elle sache à quel point je l'aime encore. »

Le comte de Canaple, que sa propre expérience rendait encore plus sensible à la douleur de son ami, partit pour Calais, après avoir pris quelque instruction plus particulière.

SECONDE PARTIE

Monsieur de Canaple, en arrivant à Calais, apprit que monsieur du Boulay était celui contre qui monsieur de Châlons s'était battu; qu'il était mort de ses blessures; que madame de Mailly ne respirait que la vengeance. Ce temps était peu propre pour aller chez monsieur de Mailly; mais un homme du mérite et du rang du comte de Canaple était au-dessus des règles ordinaires. Madame de Mailly, occupée de sa douleur, laissa à mademoiselle de Mailly le soin de faire les honneurs de sa maison : quoiqu'elle s'en acquittât avec beaucoup de politesse, elle ne pouvait cependant cacher son extrême mélancolie.

« Si la mort de monsieur du Boulay, lui dit le comte de Canaple après quelques autres discours, cause la tristesse où je vous vois, je connais un malheureux mille fois plus mal-

heureux encore qu'il ne croit l'être. Pardonnez-moi, mademoiselle, poursuivit-il, s'aper-
cevant de la surprise et du trouble de mademoiselle de Mailly, d'être si bien instruit; et
pardonnez à mon ami de m'avoir confié ses
peines et de m'avoir chargé d'un éclaircissement que, dans l'état où il est, il ne peut
vous demander lui-même.

« Quoi! répondit-elle d'une voix basse et
tremblante, il est donc blessé? – Oui, mademoiselle, répondit monsieur de Canaple; et,
malgré tout ce qu'il souffre, il serait heureux
s'il voyait ce que je vois. – Ah! dit-elle avec
une inquiétude qu'elle ne put dissimuler, il
est blessé dangereusement?

« – Sa vie, répondit le comte de Canaple,
dépend de ce que vous m'ordonnerez de lui
dire. » Mademoiselle de Mailly fut quelque
temps dans une rêverie profonde; et, sans
lever les yeux, qu'elle avait toujours tenus
baissés : « Il vous a dit mes faiblesses, lui dit-
elle; mais vous a-t-il confié que, dans le temps
que je résistais à la volonté d'un père pour
me conserver à lui, il violait, pour me trahir,
toutes les lois? Vous a-t-il dit qu'il a enlevé
mademoiselle de Liancourt? qu'il s'est battu
avec son frère? que veut-il encore? Pourquoi

affecter de passer des nuits sous mes fenêtres?
pourquoi chercher à troubler un repos que
j'ai tant de peine à retrouver? pourquoi attaquer monsieur du Boulay? pourquoi le tuer?
pourquoi se faire des ennemis irréconci-
liables de tout ce qui me doit être le plus
cher? et pourquoi enfin suis-je assez misérable pour craindre à l'égal de la mort qu'il
ne soit puni de ses crimes? Oui, continua-
t-elle, je frémis des liaisons que madame de
Mailly prend avec monsieur de Liancourt
pour perdre ce malheureux. Qu'il s'éloigne;
qu'il se mette à couvert de la haine de ses
ennemis. Qu'il vive, et que je ne le voie
jamais.

« — Cette dernière condition, répliqua le
comte de Canaple, le met hors d'état de vous
obéir. Donnez-moi le temps, mademoiselle,
de lui parler : je suis sûr qu'il ne saurait être
coupable. — Hélas! que pourra-t-il vous dire?
repartit-elle. N'importe, parlez-lui : aussi bien
je vous ai trop montré ma faiblesse, pour
vous dissimuler l'inquiétude et la crainte que
son état me donne. »

Monsieur de Châlons attendait son ami
avec une extrême impatience. « Qu'allez-vous
m'apprendre? lui dit-il d'une voix entrecou-

pée aussitôt qu'il le vit approcher de son lit.
— Que, si les soupçons que vous avez de la
fidélité de mademoiselle de Mailly, répliqua
monsieur de Canaple, n'ont pu éteindre votre
amour, elle vous aime encore, quoique vous
soyez aussi coupable à ses yeux qu'elle l'est
aux vôtres. Qu'est-ce que votre combat contre
monsieur de Liancourt, et l'enlèvement de
sa sœur dont vous êtes accusé, et dont je n'ai
pu vous justifier? — Ce que j'ai fait pour
mademoiselle de Liancourt, reprit monsieur
de Châlons, n'intéresse ni mon amour, ni
ma fidélité. Je vous éclaircirai pleinement
cette aventure; mais, mon cher Canaple, dites-
moi plus en détail tout ce qu'on vous a dit :
les moindres circonstances, le son de la voix,
les gestes, tout est important. »

Quoique monsieur de Canaple lui rendît
le compte le plus exact de la conversation
qu'il venait d'avoir, il ne se lassait point de
lui faire de nouvelles questions : il lui faisait
répéter mille fois ce qu'il venait de lui
entendre dire. Après toutes ces répétitions, il
croyait encore n'avoir pas bien entendu.
« Vous avouerai-je ma peine? lui disait-il : je
ne puis me pardonner les soupçons que je
vous ai laissé voir; ils auront fait impression

sur vous; vous en estimerez moins mademoiselle de Mailly; croyez, je vous en prie,
qu'elle n'est point coupable : pour moi, je n'ai
presque plus besoin de le penser; je ne sais
même si je ne sentirais point un certain plaisir d'avoir à lui pardonner. »

Ce sentiment, qu'il eût été si nécessaire au
comte de Canaple de trouver dans madame
de Granson, le fit soupirer. « Vous avez raison, lui dit-il, on pardonne tout quand on
aime. — Oui, répliqua monsieur de Châlons;
mais si j'aime assez pour tout pardonner, j'ai
toujours trop parfaitement aimé pour avoir
besoin d'indulgence. Vous vous souvenez
qu'en vous contant les aventures de cette
malheureuse nuit, je vous dis qu'un événement singulier m'avait obligé de sortir de
Calais; le voici :

« Monsieur de Clisson logeait dans la maison où j'étais : comme il n'était jamais venu
à la cour de France, et qu'il n'était pas à
celle de Flandre lorsque j'y étais allé, je
n'avais pas craint d'en être connu. Nous nous
étions parlé plusieurs fois, et nous avions
conçu de l'estime l'un pour l'autre. « Je viens,
me dit-il en entrant dans ma chambre, et en
m'abordant avec cette liberté qui règne parmi

ceux qui font profession des armes, vous prier
de me servir de second dans un combat que
je dois faire ce matin. L'honneur ne me permettait pas de refuser, et la disposition où
j'étais m'y faisait trouver du plaisir. Je haïs-
sais tous les hommes : il ne m'importait sur
qui j'exercerais ma vengeance.

« Je me hâtai de prendre mes armes. Nous
allâmes au lieu de l'assignation; nous avions
été devancés par nos adversaires. Le combat
commença, et, quoique ce fût avec beaucoup
de chaleur, il finit presque aussitôt : nos deux
ennemis furent blessés et désarmés. « Je vous
demande pardon, me dit Clisson, de vous
avoir engagé à tirer l'épée contre un homme
avec qui il y avait si peu de gloire à acquérir;
mais si je n'ai pu fournir un assez long exercice à votre courage, je puis, si vous voulez
me suivre, donner à votre générosité un
emploi digne d'elle. » J'assurai Clisson qu'il
pouvait compter sur moi.

« Sans perdre un instant, nous nous éloi-
gnâmes du lieu du combat; nous traversâmes
la ville, et nous allâmes descendre dans une
maison qui était à l'autre bout du faubourg.
Deux femmes masquées nous y attendaient.
Clisson en prit une, qu'il mit devant lui sur

son cheval, et me pria de me charger de
l'autre. Dans la disposition où j'étais, j'avoue
que, si j'eusse cru qu'il eût été question d'enlever une femme, je ne me serais pas prêté
avec tant de facilité à ce qu'on exigeait de
moi; mais il n'y avait plus moyen de reculer.
Nous marchâmes avec le plus de vitesse qu'il
nous fut possible : la lassitude de nos chevaux
nous obligea de nous arrêter, sur la fin du
jour, dans un village où, par bonheur, nous
en trouvâmes d'autres qui nous menèrent à
Ypres. Comme nous n'étions plus sur les
terres de France, nos dames, qui avaient
grand besoin de repos, y passèrent la nuit.

« Ce ne fut que là que j'appris quelle était
cette aventure, où vous voyez que j'avais
cependant tant de part; les miennes propres
m'occupaient trop pour laisser place à la
curiosité. Clisson m'apprit qu'à son retour
d'Angleterre, où il avait passé avec la comtesse
de Montfort, lui et monsieur de Mauny
s'étaient arrêtés à Calais; qu'ils étaient devenus amoureux, lui, de mademoiselle d'Auxy,
et Mauny, de mademoiselle de Liancourt :
toutes deux sous la puissance de leurs frères,
qui avaient résolu de faire un double mariage,
et dans cette intention, les avaient fait élever

ensemble, sous la conduite d'une vieille grand'mère de mademoiselle de Liancourt. L'une et l'autre, révoltées du joug qu'on voulait leur imposer, s'étaient affermies dans la résolution de n'épouser que quelqu'un qu'elles pussent aimer.

« Monsieur de Clisson et monsieur de Mauny leur inspirèrent les sentiments qu'elles voulaient avoir pour leurs maris. Il fut résolu entre eux qu'elles prendraient leur temps pour sortir de la maison de madame de Liancourt : que leurs amants, après avoir reçu leur foi, les emmèneraient en Bretagne. Mauny fut obligé de passer en Angleterre : il avait de fortes raisons pour ne pas déclarer son mariage, et Clisson fut chargé seul de l'exécution du projet. Les dames, après s'être sauvées la nuit, étaient venues se réfugier dans cette maison du faubourg, où elles étaient cachées depuis deux jours, lorsque Clisson et moi les allâmes chercher.

« Les deux frères, avertis de leur fuite, ne doutèrent pas que Clisson n'en fût l'auteur et aucun soupçon ne tomba sur monsieur de Mauny, qui était absent depuis assez longtemps. Monsieur d'Auxy et monsieur de Liancourt appelèrent monsieur de Clisson en duel, persuadés que celui qu'il choisirait pour second ne pourrait être que le ravisseur de mademoiselle de Liancourt. La crainte qu'on ne découvrît le lieu où ces dames étaient cachées obligea Clisson, après le combat, de me prier de l'aider à les en tirer. Je juge que monsieur de Mauny a fait passer sa femme en Angleterre, où peut-être n'avait-il pas encore la liberté de déclarer son mariage.

« Voilà, continua monsieur de Châlons, ce qui me donne l'air si coupable : il y va de tout mon bonheur que mademoiselle de Mailly en soit instruite; tous les moments qui s'écouleront jusque-là sont perdus pour mon amour. »

Monsieur de Canaple ne tarda pas à satisfaire son ami; il vit mademoiselle de Mailly; il lui apprit tout ce que monsieur de Châlons venait de lui apprendre. Elle écoutait avidement tout ce qui pouvait justifier monsieur de Châlons : « Hélas! disait-elle, s'il est innocent, je suis encore plus à plaindre; mais ne songeons présentement qu'à le sauver. Je tremble qu'il ne soit découvert dans le lieu où il est; il faut prendre des mesures auprès du roi : votre ami est malheureux; vous l'aimez; puis-je ajouter à ces motifs l'intérêt d'une fille que vous ne connaissez que par ses faiblesses ? — Ne donnez point ce nom, mademoiselle, répondit le comte de Canaple, à des sentiments que leur constance rend respectables. »

L'intérêt de monsieur de Châlons demandait que monsieur de Vienne, gouverneur de Calais, fût instruit de ce qui s'était passé. Monsieur de Canaple s'empressa de se charger d'un soin qui allait lui donner des liaisons nécessaires avec le père de madame de Granson. Il n'en avait rien appris depuis son départ de Bourgogne ; il espérait en savoir des nouvelles ; il en entendrait parler ; il en parlerait lui-même : tous ces petits biens deviennent considérables, surtout pour ceux qui n'osent s'en promettre de plus grands.

Monsieur de Vienne vit avec plaisir le comte de Canaple ; il connaissait aussi monsieur de Châlons ; la probité de l'un et de l'autre ne lui était point suspecte ; il ajouta une foi entière à ce que monsieur de Canaple lui dit de l'innocence de son ami. Il se chargea d'obtenir du roi les ordres nécessaires pour la sûreté de monsieur de Châlons.

Le comte de Canaple, toujours occupé de son amour, ne négligeait rien pour s'insinuer

dans les bonnes grâces de monsieur de
Vienne; il lui rendait des soins; il voulait être
aimé de ce que madame de Granson aimait;
et quoiqu'il n'en dût attendre aucune reconnaissance, qu'elle pût même l'ignorer toujours, cette occupation satisfaisait la tendresse
de son cœur. Il lui fallut plusieurs jours pour
amener monsieur de Vienne à lui parler de
ce qu'il désirait; car, quoiqu'il se fût bien
promis d'en parler lui-même, la timidité
inséparable du véritable amour le retint
longtemps.

Monsieur de Vienne, un des plus fameux
capitaines de son siècle, ne s'entretenait
volontiers que de guerre : il fallut essuyer le
récit de bien des combats avant d'avoir acquis
le droit de faire des questions; enfin monsieur
de Canaple, enhardi par la familiarité qu'il
avait acquise, osa demander des nouvelles de
madame de Granson. « Elle est, répondit
monsieur de Vienne, à la campagne depuis
le départ de son mari. — C'est sans doute à
Vermanton? dit monsieur de Canaple. — Non,
répliqua monsieur de Vienne, elle s'en est
dégoûtée et ne veut plus y aller; elle veut
même s'en défaire. »

Monsieur de Canaple, éclairé par son

amour, sentit la cause de ce dégoût et en fut vivement touché; mais, comme ce lieu l'intéressait infiniment, même en l'affligeant, il voulut en être le maître. Un de ses agents fut envoyé en Bourgogne avec ordre d'acheter Vermanton, à quelque prix que ce fût. L'acquisition des meubles était surtout recommandée; toutes choses qui avaient appartenu à madame de Granson, et dont elle avait fait usage, étaient d'un prix infini pour le comte de Canaple : ce lit où il avait été si heureux n'avait pas même de privilège. L'amour, quand il est extrême, n'admet point de préférence.

Les cœurs sensibles se devinent les uns les autres. Madame de Granson comprit ce qui obligeait le comte de Canaple à offrir un prix excessif de Vermanton; elle crut même que ce lieu ne lui était cher que par la même raison qu'elle avait pour le trouver odieux, et mit obstacle à l'acquisition qu'il voulait en faire. Le comte de Canaple regarda ce refus comme une nouvelle marque de haine.

Ce que monsieur de Vienne lui contait de la retraite où sa fille vivait depuis l'absence de monsieur de Granson le confirmait dans cette opinion. Les malheureux tournent tou-

jours leurs pensées du côté qui peut augmenter leurs peines. Il se persuada que
madame de Granson aimait encore plus son
mari qu'elle ne l'avait aimé. « C'est moi,
disait-il, qui lui ai appris à aimer; son cœur
a été instruit par le mien de toutes les délicatesses de l'amour; ma passion lui sert de
modèle; elle fait pour son mari ce qu'elle
sent bien que je ferais pour elle, et j'ai le
malheur singulier que ce que l'amour m'a
inspiré de plus tendre est au profit de mon
rival. »

Ces réflexions désespérantes jetaient le
comte de Canaple dans une tristesse qui
n'échappa pas à mademoiselle de Mailly : elle
connut qu'il était amoureux; et, sans le lui
dire, elle en fut plus disposée à prendre beaucoup d'amitié pour lui, et à lui donner sa
confiance. C'était aussi pour monsieur de
Canaple un soulagement de parler à quelqu'un dont l'âme était sensible, et qui éprouvait aussi bien que lui les malheurs de
l'amour.

Cependant monsieur de Châlons guérissait
de ses blessures; il avait quitté le lit : il pressait son ami toutes les fois qu'il le voyait,
d'obtenir de mademoiselle de Mailly qu'il pût

lui parler. « Ce n'est que par elle, lui disait-
il, que je veux démêler cette étrange aventure; je connais sa franchise et sa vérité :
puisqu'elle m'aime encore, il lui en coûtera
moins de s'avouer coupable qu'il ne lui en
coûterait de me tromper. »

« Que me demandez-vous? dit mademoiselle de Mailly au comte de Canaple, quand
il lui fit la prière dont il était chargé. Puis-
je voir un homme qui a rempli de deuil la
maison de mon père? Cet obstacle, qui n'est
déjà que trop fort, n'est pas le seul qui nous
sépare pour jamais. Je l'ai cru infidèle; qu'il
tâche de le devenir : l'intérêt de son repos le
demande. Et, de la façon dont j'ai le cœur
fait, ce sera une espèce de consolation pour
moi de penser que du moins il ne sera pas
malheureux. — De quel ordre, répliqua monsieur de Canaple, me chargez-vous? songez
que ce serait donner la mort à mon ami.

« — Vous ne doutez pas que je ne sois aussi
à plaindre, et peut-être plus à plaindre que
lui, répliqua mademoiselle de Mailly : dites,
s'il le faut, que je ne mérite plus d'être aimée.
Serait-il possible que ce fût une consolation
pour lui? Non, je ne le puis penser; je sais
du moins que mon cœur n'a jamais été plus

cruellement déchiré que lorsque je l'ai cru coupable. – Mais, dit encore le comte de Canaple, ne m'expliquerez-vous point les motifs d'une conduite qu'il importe tant à monsieur de Châlons de savoir? – Il n'en serait pas moins malheureux, reprit-elle, et j'aurais dit ce que je ne dois point dire. Qu'il lui suffise que la fortune seule a causé ses malheurs et les miens, que j'avais peine à cesser de l'aimer dans un temps où je croyais ne pouvoir plus l'estimer. Plût à Dieu, dit-elle en poussant un profond soupir, avoir toujours cru en être aimée! Si je puis encore lui demander quelque chose, je lui demande de s'éloigner d'un lieu où sa présence ne fait qu'augmenter mes maux. »

Malgré le respect de monsieur de Châlons pour mademoiselle de Mailly, il n'aurait pu se soumettre à ses ordres, si son honneur et son devoir ne l'avaient obligé d'obéir à ceux qu'il reçut du roi. Monsieur de Canaple et lui furent mandés à Paris pour délibérer sur la campagne prochaine.

Madame de Granson y était arrivée depuis quelques jours pour secourir son mari, qui avait été dangereusement malade; il l'aurait volontiers dispensée de tant de soins. Son

cœur n'avait pu demeurer oisif au milieu
d'une cour qui respirait la galanterie : les
belles femmes qui la composaient avaient eu
part tour à tour à ses hommages. Madame
de Montmorency était la dernière à laquelle
il s'était attaché, et sa passion pour elle durait
encore, lorsqu'il tomba malade.

Madame de Granson ne s'aperçut pas
d'abord de l'indifférence dont on payait ses
soins; ou, si elle s'en aperçut, elle l'attribua
à l'état où était monsieur de Granson; mais,
comme cette indifférence augmentait, elle vit
enfin ce qu'elle n'avait pas vu d'abord. Ce
fut presque un soulagement pour elle; il lui
semblait qu'elle en était un peu moins coupable à son égard. Délivrée de la nécessité
qu'elle s'imposait de l'aimer, elle agissait avec
lui d'une manière plus libre et plus naturelle.

Elle ne s'était point précautionnée pour
éviter le comte de Canaple, qu'elle croyait
loin de Paris. Il la trouva dans la chambre
de monsieur de Granson lorsqu'il y vint. La
surprise et l'embarras de l'un et de l'autre
furent extrêmes. Monsieur de Granson en
avait aussi sa part : c'était un caractère faible,
toujours tel que les personnes avec qui il
vivait voulaient qu'il fût. La présence du

comte de Canaple, dont il connaissait la vertu, lui reprochait sa conduite; il craignait sa sévérité : il eût cependant bien voulu continuer la sorte de vie qu'il menait alors.

Après quelques discours généraux, ces trois personnes, qui ne savaient que se dire, gardèrent le silence. Madame de Granson, avertie qu'elle devait fuir le comte de Canaple, par le peu de répugnance qu'elle avait de le voir, voulut sortir; mais monsieur de Granson l'arrêta. Comme il était le plus libre des trois, il se mit à faire des questions à son ami sur monsieur de Vienne. Quelque intéressée que fût madame de Granson à cette conversation, la crainte d'adresser la parole à monsieur de Canaple l'empêchait d'y prendre part. Mais monsieur de Vienne avait écrit à sa fille et à monsieur de Granson beaucoup de choses avantageuses du comte de Canaple; monsieur de Granson s'empressa de les lui dire, et en prit sa femme à témoin. « Il est vrai », dit-elle en baissant les yeux.

A quelques moments de là, monsieur de Granson eut un ordre à donner à un de ses gens, et madame de Granson se vit obligée de dire quelques mots à monsieur de Canaple, pour ne pas même lui donner occasion de

parler de monsieur de Vienne. Elle voulut
lui faire parler des dames de Calais. « Je n'ai
rien vu, madame, lui dit-il d'un air timide
et sans oser la regarder, que le père... » Il
voulait dire de madame de Granson; mais il
s'arrêta tout d'un coup, et, se reprenant après
quelques moments de silence : « Je n'ai rien
vu que monsieur de Vienne. »

Toutes ces marques de tendresse n'échap-
paient pas à madame de Granson : malgré
elle, le coupable disparaissait, et ne lui laissait voir qu'un homme aimable et amoureux.
A mesure que cette impression devenait plus
forte, elle le fuyait avec plus de soin; mais
la nécessité d'être dans la chambre de son
mari et le droit qu'avait monsieur de Canaple
d'y revenir à toute heure lui en ôtaient la
liberté. Il est vrai qu'il usait de ce privilège
avec tant de ménagement, qu'insensiblement
madame de Granson s'accoutuma à le voir.

L'insensibilité que son mari avait pour elle
fit alors une impression bien différente sur
son esprit; elle ne pouvait s'empêcher, depuis
que monsieur de Canaple en était témoin, de
la sentir et d'en être blessée. Ce sentiment,
dont elle ne tarda pas à démêler la cause, lui
donnait de l'indignation contre elle-même;

mais malgré toute la sévérité de ses réflexions, elle ne put, à quelques jours de là, être maîtresse de sa sensibilité.

Monsieur de Granson, à son départ de Bourgogne, lui avait demandé, au défaut de son portrait, qu'il n'avait pas eu le temps de faire faire, un bracelet de grand prix où était celui de feu madame de Vienne, à qui sa fille ressemblait si parfaitement, que ce portrait paraissait être le sien. Elle s'en était détachée avec beaucoup de peine, et avait prié monsieur de Granson de le garder soigneusement. Comme la conversation était peu animée entre le mari et la femme, et que la présence de monsieur de Canaple y mettait encore plus de contrainte, madame de Granson, ne sachant que dire, s'avisa de demander ce portrait à monsieur de Granson : il fut si embarrassé de cette demande, et si peu maître de son embarras, que madame de Granson comprit qu'il ne l'avait plus. Elle ne se trouva nullement préparée à soutenir cette espèce de mépris. Quelques larmes coulèrent de ses yeux; et, pour les cacher, elle sortit de la chambre. Mais ce soin fut inutile, elles ne pouvaient échapper à l'attention du comte de Canaple; et quoique ce qu'il voyait dût encore

fortifier sa jalousie, un attendrissement pour
le malheur de ce qu'il aimait, l'indignation
qu'il conçut contre monsieur de Granson,
firent taire tout autre sentiment.

« Puis-je croire ce que je vois? lui dit-il
aussitôt qu'ils furent seuls. Quoi! vous êtes
sans amour et même sans égard pour votre
femme, pour cette femme qui mérite les respects et les adorations de toute la terre? Elle
verse des larmes; vous la rendez malheureuse : et où donc avez-vous trouvé des
charmes assez puissants pour effacer l'impression que les siens avaient faite sur votre
cœur?

« – Que voulez-vous? répliqua monsieur de
Granson, ce n'est pas ma faute; après tout,
où prenez-vous qu'on doive toujours être
amoureux de sa femme? Ce sentiment est si
singulier, qu'il faudrait, si je l'avais, le cacher
avec soin. Je vous l'avouerai encore, la passion de ma femme, dont je reçois tous les
jours de nouvelles marques, m'embarrasse et
ne me touche plus. »

Monsieur de Canaple, occupé si tendrement jusque-là des intérêts de madame de
Granson, sentit, à ce mot de passion, réveiller
toute sa jalousie. Le dépit dont il était animé

lui faisait souhaiter que monsieur de Granson fût encore plus coupable. Il n'eut plus la force de désapprouver sa conduite, et il le quitta, plus fâché contre madame de Granson qu'il ne l'avait été contre lui.

« Elle a donc de la passion, disait-il. Si mon amour n'a pu la toucher, il aurait du moins dû lui apprendre le prix dont elle est, et la sauver de la faiblesse et de la honte d'aimer qui ne l'aime pas. Je lui pardonnerais, je l'admirerais même, si ses démarches n'étaient dictées que par le devoir; mais elle aime, mais elle est jalouse; et tandis que je ne suis occupé que d'elle, elle n'est occupée que de la perte d'un cœur qui ne vaut pas le mien... Hélas! sa vertu a fait naître sa tendresse, elle est malheureuse aussi bien que moi, avec cette différence que je ne le suis que pour avoir donné entrée dans mon cœur à un amour que tant de raisons m'engageaient à combattre. Je ne puis être aimé; il faut me faire une autre sorte de bonheur : il faut parler à son mari, il faut encore le ramener à elle : il faut qu'elle me doive, s'il est possible, la douceur dont elle jouira. »

Comme madame de Granson avait paru sensible à la perte du bracelet, monsieur de

Canaple mit tout en usage pour le recouvrer, et y réussit. La ressemblance du portrait était une furieuse tentation de le garder; mais ce plaisir n'était pas comparable à celui de donner à madame de Granson une preuve si sensible de ses soins, et une satisfaction qu'elle ne devrait qu'à lui; il espérait même qu'elle démêlerait que c'était par respect qu'il n'avait osé garder ce qu'elle n'aurait pas voulu lui donner.

Malgré la liberté dont il jouissait chez monsieur de Granson, il y avait des heures, depuis sa maladie, où l'entrée de sa chambre n'était permise qu'à ses domestiques. Monsieur de Canaple, pour avoir le prétexte d'aller dans l'appartement de madame de Granson, choisit une de ces heures. Rassuré par l'action qu'il allait faire, son air et sa contenance étaient moins timides. Madame de Granson en fut blessée, et jeta sur lui un regard qui lui apprit ce qui se passait en elle. « C'est pour vous remettre, madame, lui dit-il, le portrait dont il m'a paru que la perte vous affligeait, que j'ai osé prendre la liberté d'entrer dans votre appartement. Je n'ai jamais compris, poursuivit-il en le lui présentant, comment il était possible que monsieur de Granson eût pu se dessaisir d'une chose qui devait lui être si précieuse; et je le comprends encore moins dans ce moment. »

Ces dernières paroles furent prononcées d'un ton bas et attendri. Madame de Granson, étonnée, attendrie elle-même du procédé de monsieur de Canaple, ne savait quel parti prendre. C'était lui faire une faveur de recevoir cette marque de ses soins, et en la lui refusant, elle lui laissait son portrait. Elle se détermina au parti le plus doux. Son cœur lui faisait cette espèce de trahison sans qu'elle s'en aperçût. Cependant, toujours également occupée de remplir ses devoirs avec la plus grande exactitude : « J'eusse souhaité, monsieur, lui dit-elle, en prenant le portrait, que vous eussiez bien voulu le remettre à monsieur de Granson; mais je ne lui laisserai pas ignorer cette nouvelle marque de votre amitié. » Pour finir une conversation qui l'embarrassait, elle se leva dans le dessein de passer chez monsieur de Granson; et monsieur de Canaple n'osa l'y suivre.

Madame de Granson entra dans la chambre de son mari pour lui apprendre ce qui venait de se passer; mais, lorsqu'il fut question de parler elle s'y trouva embarrassée. Il lui vint dans l'esprit que c'était tromper monsieur de Granson, et le tromper de la manière la plus indigne, que de l'engager à quelque reconnaissance pour monsieur de Canaple. Cette idée, si capable d'alarmer sa vertu, la détermina au silence.

A mesure que la santé de monsieur de Granson se rétablissait, ses amis se rassemblaient chez lui. Madame de Granson se montrait peu, et toujours négligée; mais enfin elle se montrait; il n'était pas possible que sa beauté ne fît impression. Monsieur de Châtillon, quoique engagé, par le caractère qu'il s'était donné dans le monde, de n'être point amoureux, ne put s'empêcher d'en être touché plus sérieusement qu'il n'eût fallu pour son repos. Sa présomption naturelle ne lui laissait pas prévoir de mauvais succès; il n'avait besoin que d'une occasion de se déclarer : elle aurait été difficile à trouver, si monsieur de Granson, qui craignait surtout qu'on ne le soupçonnât d'être amoureux et jaloux de sa femme, ne l'avait obligée de demeurer auprès de lui dans le temps qu'il y avait le plus de monde.

Quoique la galanterie et surtout l'amour parussent aux jeunes gens de la cour une

espèce de ridicule, la présence de madame de
Granson donnait le ton galant à toutes les
conversations. Elle n'y prenait nulle part.
Monsieur de Canaple se condamnait devant
elle au même silence; et lorsqu'elle n'y était
pas, la crainte d'être deviné l'engageait encore
à beaucoup de ménagement. Mais toutes ces
considérations l'abandonnèrent dans la chaleur d'une dispute où il était question des
plaisirs de la galanterie et de ceux de l'amour.
Il ne put endurer qu'ils fussent comparés; et,
sans se souvenir qu'il jouait dans le monde
le rôle d'indifférent, il se mit à faire la peinture la plus vive et la plus animée de deux
personnes qui s'aiment, et finit par assurer
avec force qu'il ne serait pas touché des
faveurs de la plus belle femme du monde
dont il ne posséderait pas le cœur.

« Où sommes-nous? s'écria monsieur de
Granson. Depuis quand le comte de Canaple
connaît-il toutes ces délicatesses? Le croiriez-
vous, madame? dit-il à madame de Granson
qui entrait dans ce moment : ce Canaple, si
éloigné de l'amour, est devenu son plus zélé
partisan. Il ne veut point de galanterie, il
veut de belle et bonne passion; et de la façon

dont il en parle, en vérité, je le crois amoureux. »

La vue de madame de Granson imposa
tout d'un coup silence au comte de Canaple;
et, loin de répondre, il se reprochait comme
une indiscrétion ce qu'il venait de dire. Son
embarras aurait été sans doute remarqué, si
monsieur de Châlons, qui était aussi chez
monsieur de Granson, n'eût pris la parole.
« Je pense, dit-il, comme monsieur de
Canaple; le plaisir d'aimer est le plus grand
bonheur, et peut-être sentirait-on moins le
malheur d'être trahi, sans la nécessité où l'on
se trouve alors de renoncer à un état si doux.
— Mais, répliqua en riant monsieur de Montmorency, pourquoi vous faire cette violence?
Vous pouvez aimer tout à votre aise une maîtresse qui vous aura trompé; personne n'y
mettra obstacle; et j'ose vous assurer que votre
félicité ne sera ni troublée ni enviée.

« — Vous en rirez tant qu'il vous plaira,
dit monsieur de Châlons; mais je pardonnerais volontiers, pourvu que je trouvasse
dans la sincérité du repentir et dans un aveu
sans déguisement de quoi me persuader que
j'étais aimé, même dans le temps que j'étais
trahi. Je sens qu'il y a une espèce de douceur

à pardonner à ce qu'on aime; c'est un nouveau droit qu'on acquiert d'être aimé; et l'on en aime soi-même davantage.

« – Avec de pareilles maximes, vous n'avez garde d'être jaloux? dit monsieur de Granson? – Du moins le suis-je très différemment de la plupart des hommes, répliqua-t-il, qui ne connaissent ce sentiment que par un amour-propre effréné. Le mien n'a rien à démêler avec les infidélités qu'on peut me faire : elles n'affligent que mon cœur.

« – J'avoue, interrompit monsieur de Châtillon, qui n'avait point parlé jusque-là, que j'entends mal toutes ces distinctions de l'amour et de l'amour-propre; je sais que les femmes préféreront toujours un amant dont la jalousie sera pleine d'emportements, à tous vos égards et à toutes vos délicatesses.

« – Pourriez-vous pardonner, madame, dit-il à madame de Granson en s'approchant de son oreille, à un homme qui craindrait de perdre votre cœur, et qui conserverait encore quelque raison? – Personne, répondit-elle tout haut d'un ton fier et dédaigneux, ne sera à portée de faire une pareille perte. » Et, sans le regarder, sans lui donner le temps de répondre, elle se leva pour sortir.

Quoique monsieur de Canaple n'osât jeter les yeux sur elle, son attention et son application suppléaient à ses yeux : il s'était aperçu de la passion de monsieur de Châtillon presque aussitôt que lui-même. Un homme de ce caractère n'était pas un rival dangereux auprès de madame de Granson; mais un rival, quelque peu redoutable qu'il puisse être, importune toujours. La réponse de madame de Granson et le ton dont elle fut faite le dédommagèrent de la peine qu'il avait eue de voir monsieur de Châtillon oser lui parler à l'oreille. Un amant, et surtout un amant malheureux, prend comme une faveur les rigueurs que l'on exerce contre ses rivaux.

Monsieur de Châtillon n'était pas homme à se rebuter par celle qu'il venait d'essuyer : il suivit madame de Granson, dans l'espérance de lui donner la main. Monsieur de Canaple, qui n'avait plus rien qui l'arrêtât dans la chambre, sortit aussi. Ils se trouvèrent tous deux auprès du chariot de madame de Granson lorsqu'elle voulut y monter. Monsieur de Canaple n'osait cependant lui présenter la main; mais monsieur de Châtillon ne garda pas tant de ménagement; et madame de Granson, irritée de sa hardiesse, occupée de la réprimer, prit celle de monsieur de Canaple, et ne s'aperçut combien la préférence qu'elle lui donnait était flatteuse, que parce qu'elle sentit que cette main était tremblante; aussi se hâta-t-elle de la quitter et de monter dans son chariot.

Cet instant était le premier où monsieur de Canaple avait ressenti quelque douceur : il eût bien voulu se trouver seul et en jouir à loisir; mais monsieur de Châlons, qui le joignit dans le moment, ne lui en donna pas la liberté. « Que vous êtes heureux! lui dit-il; car, malgré les soupçons que vous avez fait naître aujourd'hui, je suis persuadé que vous n'aimez rien. Pour moi, je suis la victime d'une passion qui ne me promet que des peines, et que je n'ai pas même la force de combattre. »

Monsieur de Canaple ne pouvait avouer qu'il était amoureux, et ne pouvait aussi se résoudre à le désapprouver : ç'eût été blesser son amour ou sa discrétion. « Ne parlons point de moi, répondit-il : je suis ce que je puis, et je ne conseillerais à personne d'envier ma fortune. »

Monsieur de Châlons, plein de ses sentiments, ne s'occupa pas à pénétrer ceux de son ami. « Je suis plus agité aujourd'hui que je ne l'ai encore été, lui dit-il : la peinture que je viens de faire de mes sentiments les a réveillés et gravés plus profondément dans mon cœur. Par grâce, écrivez à mademoiselle de Mailly : c'est une liberté qui ne m'est pas permise; mais ce sera presque recevoir une de mes lettres que d'en recevoir une des vôtres. Je l'occuperai au moins quelques moments; et quelle douceur n'est-ce pas pour moi! »

Le comte de Canaple était dans les dispositions nécessaires pour bien exprimer les sentiments de son ami; mais cet ami était trop amoureux pour être aisé à contenter. La lettre fut faite et refaite plus d'une fois, et remise enfin à un homme de monsieur de Canaple, avec ordre de la porter à Calais, et d'en rapporter la réponse.

Cependant le départ du roi était fixé; et tous ceux qui n'étaient point attachés particulièrement à sa personne voulurent le devancer, et se disposèrent à partir. Monsieur de Canaple fut de ce nombre : la peine de s'éloigner de ce qu'on aime n'est pas, pour un amant malheureux, ce qu'elle est pour un amant aimé.

Lorsque la santé de monsieur de Granson
lui permit de sortir de la chambre, il voulut
que madame de Granson fût présentée au roi
et aux reines. Sa beauté fut admirée de tout
le monde. Les louanges qu'on lui prodigua
augmentèrent les empressements de monsieur de Châtillon : il la suivait partout; et,
malgré la mode et le ton qu'il avait pris dans
le monde, il lui rendait des soins assez à
découvert. Madame de Granson, importunée
de ses soins, de mauvaise humeur contre elle
et contre l'amour, se vengeait, par les rigueurs
qu'elle exerçait sur lui, de ce qu'elle sentait
pour son rival : ce rival en était souvent
témoin; et, quoiqu'il fût traité lui-même avec
encore plus de sévérité, elle n'était pas du
moins accompagnée du dédain et du mépris
dont on accablait monsieur de Châtillon.
Madame de Granson ne put éviter les adieux
de l'un et de l'autre. Monsieur de Châtillon
osa encore parler le même langage; monsieur
de Canaple, au contraire, ne prononça pas
un seul mot.

Cette différence de conduite n'était que trop
remarquée par madame de Granson. Les
reproches qu'elle ne cessait de se faire tour-
naient au profit de ses devoirs; elle croyait

toujours ne pas les remplir assez bien. Loin d'être rebutée par le peu d'égards que monsieur de Granson lui marquait, elle redoublait de soins et d'attentions.

Comme il suivait le roi, il ne partit pas sitôt que monsieur de Canaple. Madame de Granson s'aperçut que sa présence le contraignait : sans lui faire le moindre reproche, sans marquer le moindre mécontentement, elle se disposa à aller à Calais, pour être plus à portée des nouvelles de l'armée, et pour être avec un père qu'elle aimait, et dont elle était tendrement aimée : c'était, dans la disposition où son cœur était alors, une consolation et un besoin de pouvoir se livrer aux sentiments d'une amitié permise.

Monsieur de Vienne reçut sa fille avec joie; elle fut visitée de tout ce qu'il y avait dans la ville de gens considérables. Mademoiselle de Mailly ne fut pas des dernières à s'acquitter de cette espèce de devoir : elles avaient l'une et l'autre les qualités qui préviennent si favorablement, et qui font naître l'inclination : aussi, dès le premier moment de la connaissance, se trouvèrent-elles dans la même liberté que si elles s'étaient connues depuis longtemps. Madame de Granson,

charmée des agréments et de l'esprit de
mademoiselle de Mailly, en parlait souvent
à monsieur de Vienne.

« Je voudrais, lui disait-elle, passer mes
jours avec une si aimable fille; mais je meurs
de peur qu'elle ne nous soit bientôt enlevée
par quelque grand mariage. – Ce mariage
pourrait au contraire la rapprocher de vous,
répondit monsieur de Vienne : Canaple, dans
le séjour qu'il a fait ici, a paru fort attaché
à elle; il y est revenu sans autre besoin que
celui de la voir, et l'on m'amena, il y a
quelques jours, un homme chargé d'une lettre
pour elle, qui n'avait point d'abord voulu
dire son nom, mais qui fut obligé de m'avouer
qu'il appartenait au comte de Canaple. De
l'humeur dont il est, une si grande assiduité
prouve beaucoup. » Madame de Granson sentit à ce discours un trouble et une émotion
qu'elle n'avait jamais connus; elle n'avait plus
la force de continuer la conversation, lorsque
mademoiselle de Mailly entra.

Monsieur de Vienne, qui avait plus de
franchise que de politesse, ne craignit pas de
l'embarrasser en lui répétant ce qu'il venait
de dire à sa fille. Mademoiselle de Mailly ne
put entendre sans rougir un nom qui était

lié dans son imagination à celui de son amant.
Mais on ne se retient guère sur les choses
qui intéressent le cœur, surtout lorsqu'on
peut s'y livrer sans se faire des reproches.
Mademoiselle de Mailly, après avoir dit légèrement que monsieur de Canaple n'était point
amoureux d'elle, se fit un plaisir de le louer
des qualités qui lui étaient communes avec
monsieur de Châlons, et le loua avec vivacité.

Madame de Granson l'avait vu jusque-là
des mêmes yeux, et plus favorablement
encore; mais, de ce qu'il paraissait tel à
mademoiselle de Mailly, il cessa de lui
paraître le même. Maîtrisée par un sentiment
qu'elle ne connaissait pas, elle ne put s'empêcher de contredire. Monsieur de Vienne,
qui trouvait sa fille injuste, prit parti contre
elle. Mademoiselle de Mailly, fortifiée par
l'autorité de monsieur de Vienne, soutint
d'abord son opinion avec une chaleur peu
propre à ramener madame de Granson; mais,
comme elle avait l'esprit dans une situation
plus tranquille, elle se hâta de finir la dispute.

Madame de Granson, restée seule, se trouva
saisie d'une douleur inquiète et piquante,
qu'elle n'avait point encore éprouvée. Les

réflexions qu'elle faisait sur ce qui venait de
se passer lui donnaient des soupçons, et même
des certitudes, dont elle se sentait accablée.
« Je n'en saurais douter, disait-elle, il est
amoureux, il est aimé : l'amour, et l'amour
content, peut seul inspirer ce que je viens de
voir.

« Quoi! tandis que j'avais besoin de ma
vertu pour me soutenir de l'outrage qu'il m'a
fait; tandis que je ne le croyais occupé qu'à
le réparer; tandis que les apparences de son
respect faisaient sur mon cœur une impression si honteuse, il aimait ailleurs! Comment
ai-je pu m'y tromper? Comment ai-je pu donner une interprétation si forcée à ses
démarches? Comment ai-je pu croire qu'un
homme amoureux fût toujours si maître de
lui? Non, non, il m'aurait parlé, au risque
de me déplaire. »

Elle se rappelait ensuite que, dans cette
conversation où le comte de Canaple soutenait le parti de l'amour, il s'était tu dès qu'elle
avait paru. « Sa délicatesse aurait été blessée,
disait-elle, de parler d'amour devant toute
autre femme que devant sa maîtresse. Que
sais-je s'il ne croyait pas avoir des ménagements à garder à mon égard? Qui me dit

qu'il n'a pas soupçonné ma faiblesse? » Cette pensée arracha des larmes à madame de Granson; et, comme elle n'apercevait plus rien dans la conduite du comte de Canaple qui pût l'excuser, tout son ressentiment se réveilla. Il aurait eu peine à se conserver au milieu des louanges qu'on donnait tous les jours à la valeur du comte de Canaple, et dans un temps où sa vie était exposée à tant de dangers; mais mademoiselle de Mailly, qui voyait dans les périls de monsieur de Canaple ceux de monsieur de Châlons, y paraissait si sensible, que madame de Granson cessait de l'être.

L'éloignement, le dégoût, avaient succédé dans son cœur à l'inclination qu'elle s'était d'abord sentie pour elle. Le hasard fit encore qu'elles se trouvèrent dans l'appartement de monsieur de Vienne quand on apprit que l'armée marchait aux ennemis, et que la troupe de monsieur de Canaple et celle de monsieur de Châlons devaient commencer l'attaque. Mademoiselle de Mailly, saisie à cette nouvelle, ne put cacher son trouble. Madame de Granson n'était pas dans un état plus tranquille; monsieur de Vienne attribuait le chagrin où il la voyait plongée à la

crainte où elle était pour monsieur de Granson, et achevait de l'accabler par les soins
qu'il prenait de la rassurer, et par les louanges
qu'il ne cessait de donner à sa sensibilité.
« Que penserait mon père, disait-elle; que
penserait tout ce qui m'environne, si le fond
de mon cœur était connu, s'il savait que ces
larmes dont il me loue ne prouvent que ma
faiblesse? Il faut du moins que la connaissance que j'en ai rappelle ma vertu, et que
je me délivre de la peine cruelle d'être pour
moi-même un objet de mépris. »

La perte de la bataille de Crécy, qu'on
apprit alors, et les blessures dangereuses que
monsieur de Granson y avait reçues, donnèrent à la vertu de madame de Granson un
nouvel exercice. Elle ne balança pas un
moment sur le parti qu'elle avait à prendre;
et, sans être arrêtée par les prières de monsieur de Vienne, et par les dangers où elle
s'exposait en traversant un pays plein de gens
de guerre, elle partit sur-le-champ. Son père,
n'ayant pu la retenir, lui donna une escorte
nombreuse. Ils furent attaqués à diverses
reprises par des partis ennemis qu'ils repous-
sèrent avec succès. L'idée de monsieur de
Canaple se présentait souvent pendant la

route à madame de Granson; l'incertitude où elle était de son sort, dont elle avait eu le courage de ne point s'informer, diminuait sa colère, et la disposait à avoir plus de pitié que de ressentiment.

Le troisième jour de sa marche, sa petite troupe, qui s'était affaiblie par les combats précédents, fut attaquée par des gens d'armes anglais, très supérieurs en nombre. Madame de Granson allait tomber dans les mains des vainqueurs, si un chevalier, qui allait à Calais, ne fût venu à son secours. Il vit de loin le combat; et, quoiqu'il fût accompagné de très peu de monde, il ne balança pas à attaquer les Anglais. Les Français, qui avaient été mis en déroute, reprirent courage, se rallièrent à lui, et l'aidèrent à vaincre ceux qui s'étaient déjà saisis du char de madame de Granson.

Le trouble où elle était ne lui avait pas permis de distinguer ce qui se passait; et, prenant son libérateur pour son ennemi, lorsqu'il vint à son chariot : « Si vous êtes généreux, lui dit-elle d'une voix que la crainte changeait presque entièrement, mais qui ne pouvait jamais être méconnaissable pour celui à qui elle parlait, vous me mettrez promptement à rançon. – Quoi! s'écria-t-il sans lui donner le temps d'en dire davantage, c'est madame de Granson! et c'est elle qui me prend pour un ennemi! Non, madame, vous n'en avez point ici, lui dit-il : tout ce qui vous environne est prêt à sacrifier sa vie pour vous défendre et pour vous obéir. »

La fierté de madame de Granson, et une certaine hauteur de courage qui lui était naturelle, lui avaient donné des forces dans le commencement de cette aventure; mais la voix de monsieur de Canaple la mit dans un état bien plus difficile à soutenir que celui dont elle venait de sortir; mille pensées différentes se présentaient en foule à son esprit. Cet homme qui l'avait outragée, qu'il fallait haïr pour se sauver de la honte de l'aimer, venait d'exposer sa vie pour elle; et ce même homme allait à Calais, sans doute pour voir mademoiselle de Mailly.

La reconnaissance du service ne pouvait subsister avec cette réflexion, et ne laissait dans l'âme de madame de Granson que le chagrin de l'avoir reçu. Monsieur de Canaple attendait les ordres qu'elle voudrait lui donner, et les aurait attendus longtemps, si l'écuyer de monsieur de Vienne, qui conduisait l'escorte, n'était venu la presser de se déterminer. Elle voulait suivre son dessein; mais elle ne voulait pas que monsieur de Canaple l'accompagnât. Le secret dépit dont elle était animée ne lui permettait pas de recevoir de lui un service qu'elle ne pouvait plus mettre sur le compte du hasard.

« Votre générosité en a assez fait, lui dit-elle, monsieur; pressez-vous d'aller à Calais, où je juge que des raisons importantes vous appellent. – Il est vrai, madame, dit le comte de Canaple, que j'ai l'ordre de me rendre à Calais; mais, quelque précis qu'il soit, je ne puis l'exécuter que lorsque vous serez en lieu où vous n'aurez plus rien à craindre. »

Madame de Granson, ne pouvant faire mieux, se laissa conduire. L'état fâcheux où elle trouva monsieur de Granson en arrivant à Amiens la dispensa de faire des remerciements à monsieur de Canaple, qui repartit sur-le-champ pour Calais.

Monsieur de Granson avait aimé passionnément sa femme : ce qu'elle faisait pour lui dans un temps si voisin de celui où il lui avait manqué, la pensée que la mort les allait séparer, réveillèrent sa tendresse; et, lui tendant la main aussitôt qu'il la vit : « Je n'étais pas digne de vous, lui dit-il; le Ciel me punit de n'avoir pas connu le bien que je possédais. Je me reproche tous les torts que j'ai eus; pardonnez-les-moi, et ne vous en souvenez qu'autant que ce souvenir sera nécessaire à votre consolation. »

Madame de Granson arrosait de ses larmes la main que son mari lui avait présentée; le repentir qu'il lui marquait la pénétrait de honte et de douleur; elle se trouvait la seule coupable; elle se reprochait de n'avoir pas aimé monsieur de Granson; et l'erreur où il était là-dessus lui paraissait une espèce de trahison. « Je n'ai rien à vous pardonner, lui dit-elle en continuant de répandre un torrent de larmes, je donnerais ma vie pour conserver la vôtre. » Monsieur de Granson voulut répondre; mais ses forces l'abandonnèrent; il fut longtemps dans une espèce de faiblesse dont il revint sans reprendre connaissance, et il mourut deux jours après l'arrivée de madame de Granson.

Ce spectacle, toujours si touchant, l'était encore plus pour elle, par les circonstances qui l'avaient accompagné. Comme on n'était point encore instruit du péril qui menaçait Calais, elle y retourna, persuadée que rien

dans le monde ne pouvait l'intéresser que
monsieur de Vienne.

Monsieur de Canaple, en y arrivant, n'avait
donné à monsieur de Vienne aucune espérance sur la vie de monsieur de Granson.
« La calamité publique, dit ce grand capitaine, ne me laisse pas sentir mes malheurs
particuliers. Mais comment est-il possible
qu'une armée composée de toute la noblesse
de France, c'est-à-dire de tout ce qu'il y a de
plus brave dans l'univers, ait été battue?

« – Il fallait, pour vaincre, répondit monsieur de Canaple, plus de prudence, et moins
de valeur. Cette noblesse dont vous parlez en
a trop cru son courage, et a méprisé les précautions. Le roi, après être parti d'Abbeville,
où il était campé, détacha quelques troupes,
sous la conduite de messieurs des Noyers, de
Beaujeu, d'Aubigny et de Dromesnil, pour
aller reconnaître les Anglais. A leur retour,
Dromesnil, enhardi par une réputation sans
tache et par une intrépidité de courage dont
il se rendait témoignage, eut seul la force de
dire au roi qu'il ne fallait point attaquer les
ennemis.

« Quoique l'armée fût déjà en marche, le
roi, convaincu par les raisons de ce vaillant

homme, envoya ordre aux Génois, qui faisaient l'avant-garde, de s'arrêter. Soit qu'ils
aient été gagnés, comme on le soupçonne,
soit qu'ils aient craint de perdre leur rang,
ils ont refusé d'obéir. La seconde colonne,
qui a vu la première en marche, a continué
de marcher. La bataille s'est trouvée engagée,
et les généraux ont été obligés de suivre l'im-
pétuosité des troupes.

« Elles n'ont jamais montré plus d'ardeur;
mais nous avons combattu sans ordre, dans
un terrain qui nous était désavantageux, et
contre une armée plus nombreuse, où la dis-
cipline est observée. Malgré ces avantages, la
troupe que je commandais a enveloppé le
prince de Galles. Ce jeune prince, à qui
Édouard a refusé le secours qu'il lui avait
envoyé demander, ne trouvant plus de res-
source que dans son courage, a fait des pro-
diges de valeur. Ses gens, animés par son
exemple, ont redoublé leurs efforts, et il nous
a échappé. Je me suis vu moi-même abandonné des miens; et, si la nuit n'avait favo-
risé ma retraite, je serais mort ou prisonnier.
J'ai eu encore le bonheur de dégager le pauvre
Granson d'une troupe de soldats dont il était
environné; je l'ai conduit à Amiens. Le roi,

qui s'y est retiré, m'a donné l'ordre de venir ici pour voir l'état de la place, et pour consulter avec vous sur les moyens de la conserver. »

Un homme envoyé par mademoiselle de Mailly à monsieur de Canaple, pour le prier qu'elle pût le voir un moment, ne donna pas le temps à monsieur de Vienne de lui répondre. Il suivit l'homme qui lui avait été envoyé, et promit à monsieur de Vienne qu'il serait bientôt de retour.

Mademoiselle de Mailly, aussitôt qu'elle l'avait entendu, s'était levée avec promptitude pour aller au-devant de lui; mais son trouble et son agitation étaient si grands, qu'il ne lui fut pas possible de faire un pas; et, se laissant aller sur sa chaise : « Ah, monsieur! s'écria-t-elle aussitôt qu'elle vit le comte de Canaple, ne me dites rien; je mourrai de mon incertitude, mais je n'ai pas la force d'en sortir. — Je vous assure, lui dit-il, que je n'ai rien de si terrible à vous apprendre. — Serait-il possible, s'écria-t-elle encore avec une espèce de transport, que je fusse si heureuse! Quoi! il serait sauvé? Et où est-il? N'est-il point blessé? — Je ne puis vous répondre positivement, répliqua monsieur de Canaple;

je sais qu'il ne s'est point trouvé dans le nombre des morts, et qu'il est tout au plus prisonnier. – Ah! dit-elle, il ne se sera rendu qu'à l'extrémité; s'il est prisonnier, je le vois couvert de blessures. Hélas! c'est moi qui ai ajouté le désespoir à sa bravoure naturelle. Il s'est peu soucié de ménager une vie que j'ai rendue si malheureuse! »

L'abondance des larmes qu'elle répandait, les sanglots redoublés qui lui coupaient la parole, arrêtèrent ses plaintes, et donnèrent au comte de Canaple le temps de la rassurer un peu. Il lui promit, en la quittant, d'envoyer au camp des Anglais, pour s'informer si monsieur de Châlons était prisonnier, et pour demander qu'il fût mis à rançon.

Un écuyer annonça le lendemain à monsieur de Vienne l'arrivée de madame de Granson, et lui apprit la mort de son maître. Monsieur de Vienne, qui y était préparé, et qui d'ailleurs mettait au rang des premiers devoirs celui de citoyen, ne laissa pas d'achever de régler avec monsieur de Canaple ce qui était nécessaire pour la défense de Calais. Comme le temps pressait, monsieur de Canaple partit sans avoir tenté de faire une visite à madame de Granson, qu'il ne lui était pas permis de voir dans la circonstance présente. La perte de son mari l'avait plus touchée qu'elle n'aurait dû l'être naturellement; mais les reproches qu'elle se faisait de ne l'avoir jamais aimé et d'avoir été sensible pour un autre effaçaient les mauvais procédés qu'il avait eus pour elle; elle sentait d'ailleurs que, pour résister à sa faiblesse, les chaînes du devoir lui étaient utiles. Cette liberté, dont elle ne pouvait faire usage, devenait un poids difficile à porter.

Monsieur de Vienne lui conta que monsieur de Canaple, dans le peu de séjour qu'il avait fait à Calais, avait vu mademoiselle de Mailly. « Les périls du siège le font frémir, lui dit-il; il m'a conseillé de faire sortir de la ville toutes les femmes de considération; et, pour être en droit de me presser sur mademoiselle de Mailly, il m'a beaucoup pressé sur votre compte. Vous me donneriez effectivement beaucoup de tranquillité, poursuivit monsieur de Vienne, si vous vouliez vous retirer dans mes terres de Bourgogne. »

Madame de Granson était dans cet état de tristesse et d'accablement où, à force de malheurs, on n'en craint plus aucun. « Ne me privez pas de la seule consolation qui me reste, dit-elle à monsieur de Vienne; je saurai périr avec vous, s'il le faut; toute femme que je suis, vous n'avez rien à craindre de ma timidité; mais contentez monsieur de Canaple, et engagez mademoiselle de Mailly à sortir de Calais. » Monsieur de Vienne lui promit d'y travailler.

Le départ de mademoiselle de Mailly eût été une consolation pour madame de Granson, elle n'eût pas même voulu avoir un malheur commun avec elle : mais la fortune lui refusa cette faible consolation. Madame de Mailly, dont les passions étaient violentes, avait conçu tant de chagrin de ne pouvoir satisfaire sa haine et sa vengeance, qu'elle en était tombée malade. Mademoiselle de Mailly ne pouvait se séparer de sa belle-mère, encore moins abandonner un père dans un temps si malheureux. Monsieur de Vienne, qui avait pour monsieur de Mailly les égards dus à naissance, le laissa le maître de son sort dès qu'il fut instruit de ses raisons, et n'obligea personne de sa maison de subir l'ordonnance qu'il fit publier, que tous ceux qui étaient inutiles à la défense de la place eussent à en sortir.

Édouard ne tarda pas à venir reconnaître

Calais; et, persuadé qu'il ne pouvait l'emporter par la force, il résolut de l'affamer. Dans ce dessein, on établit entre la rivière de Haule et la mer un camp qui prit la forme d'une nouvelle ville. Philippe, à qui la perte de la bataille de Crécy n'avait rien fait perdre de son courage, se préparait à tout mettre en usage pour sauver une place si importante. Monsieur de Canaple l'avait assuré, à son retour, que monsieur de Vienne se défendrait jusqu'à la dernière extrémité, et donnerait le temps d'assembler une nouvelle armée. Philippe, pour être plus à portée de faire des recrues, quitta la Picardie, et laissa pour la défendre mille hommes d'armes sous la conduite de monsieur de Canaple.

Les soins qu'il s'était donnés pour être instruit du sort de monsieur de Châlons avaient été inutiles, mais, pour ne pas désespérer mademoiselle de Mailly, il lui avait laissé des espérances qu'il n'avait pas lui-même.

Il était vrai cependant que monsieur de Châlons était prisonnier; il avait été trouvé, après la bataille, sous un monceau de morts, ayant à peine quelque reste de vie. Milord d'Arundel, qui était alors sur le champ de

bataille occupé à faire donner du secours à
ceux qui pouvaient encore en recevoir,
jugeant, par les armes de monsieur de Châlons, que c'était un homme de considération,
ordonna qu'il fût mis dans une tente particulière. Quelques papiers qui furent trouvés
dans ses habits, et portés à milord d'Arundel,
lui apprirent le nom du prisonnier, et redou-
blèrent son attention pour lui. Il imagina
qu'il pourrait en tirer quelque service qui
importait à son repos; mais comme Édouard
ne voulait point permettre le renvoi des prisonniers, tant que la guerre durerait, milord
d'Arundel prit des précautions pour être
maître du sien. Il chargea un homme sage
et attaché à lui de le garder et de le faire
servir avec toutes sortes de soins.

Il ne fut de longtemps en état de reconnaître, ni même de sentir les bons traitements qu'il recevait : ses blessures étaient si
grandes, qu'on désespéra plus d'une fois de
sa vie. Lorsqu'il fut mieux, il voulut savoir
à qui le sort des armes l'avait donné; mais
ceux qui étaient auprès de lui ne purent l'en
instruire. Milord d'Arundel, dans la crainte
de se découvrir, s'était contenté d'apprendre
de ses nouvelles, et avait remis à le voir

quand il serait en état de recevoir sa visite.
Il l'avait fait transporter dans une maison
de paysan, qu'on avait rendue le plus
commode qu'il avait été possible, et où il était
plus aisé de le cacher que dans le camp.

Milord d'Arundel s'y rendit sans suite aussitôt que son prisonnier fut en état de le
recevoir. « Je vois avec plaisir, lui dit-il en
s'asseyant auprès de son lit, que les soins que
nous avons pris pour conserver la vie d'un
si brave homme n'ont pas été inutiles. – Ce
que vous avez fait pour me sauver la vie,
répliqua monsieur de Châlons, ne satisferait
pas pleinement votre générosité, si vous ne
tâchiez encore de diminuer la honte de ma
défaite par les éloges que vous donnez à une
bravoure qui m'a si mal servi. Je ne sais
cependant si je puis me plaindre d'un malheur qui m'a mis à portée de connaître un
ennemi si généreux.

« – Ne me donnez point ce nom, répliqua
milord d'Arundel; nos rois se font la guerre,
l'honneur nous attache à leur suite; mais,
lorsque nous n'avons plus les armes à la
main, l'humanité reprend ses droits, et la
valeur que nous avons employée les uns
contre les autres, dans la chaleur du combat,

devient un nouveau motif d'estime lorsqu'il est fini : celle que j'ai pour vous n'a pas attendu pour naître que je vous visse les armes à la main; votre mérite m'est connu depuis longtemps; j'ai souhaité cent fois d'avoir un ami tel que vous, et la fortune ne pouvait me servir mieux que de me donner quelque droit à une amitié dont je connais d'avance tout le prix.

« – Si je suis digne d'être votre ami, répondit monsieur de Châlons, si vous avez quelque estime pour moi, vous ne douterez pas que la vie, que vous m'avez conservée avec tant de générosité, ne soit à vous : oui, je suis prêt à la sacrifier à votre service, et ce sera moins pour m'acquitter envers vous, que pour satisfaire à l'inclination et à l'admiration que m'inspire la noblesse de votre procédé. Ne me laissez pas ignorer plus longtemps le nom de mon bienfaiteur. Apprenez-moi, de grâce, comment je vous suis connu, et par quel bonheur vous avez pris de moi une idée si avantageuse.

« – Mon nom est Arundel, reprit-il; à l'égard de ce que vous désirez apprendre de plus, je ne puis vous satisfaire qu'en vous faisant l'histoire d'une partie de ma vie. Vous

LE SIÈGE DE CALAIS

LE SIÈGE DE CALAIS

verrez, par le secours que je vous deman-
derai, et par l'importance des choses que j'ai
à vous dire, que ma confiance n'a pas besoin
d'être appuyée sur une connaissance plus
particulière. Mais ce récit, poursuivit-il en se
levant pour sortir, demande plus de temps
que je n'en ai présentement; je craindrais
d'ailleurs de vous fatiguer par une trop longue
attention. »

Monsieur d'Arundel avait raison de penser
que son prisonnier n'était pas en état de
l'entendre : il n'avait pas plutôt entendu prononcer son nom, qu'il avait été saisi d'un
tremblement universel et si grand, que les
gens chargés de le servir, s'en étant aperçus,
vinrent à lui pour le secourir; mais leurs
soins, qu'il ne devait qu'à une main odieuse,
furent rejetés avec une espèce d'emportement; il ordonna d'un ton si ferme qu'on le
laissât en repos, qu'il fallut lui obéir.

Dans quel abîme de maux se trouvait-il
plongé! Cet homme qui avait détruit toute
sa félicité, cet homme pour qui il avait une
haine si légitime, était le même qui lui avait
sauvé la vie, et qui achevait de l'accabler par
la générosité et la franchise de ses procédés.
« Il me demande mon secours, disait-il, appa-

remment pour achever de m'arracher le cœur;
car quel autre besoin pourrait-il avoir de moi
que celui de le servir dans son amour?

« Quoi! j'ai été si parfaitement oublié qu'il
n'a jamais entendu prononcer mon nom! il
n'a point eu à me combattre dans ce cœur
qu'il m'a enlevé! et il jouit de la douceur de
croire qu'il a été le seul aimé! Ah! je la lui
ferai perdre cette douceur; il saura que j'ai
été son rival, et il le saura aux dépens de sa
vie. »

Ces projets de vengeance, si peu conformes
à la probité de monsieur de Châlons, ne pouvaient être de longue durée. Il fallait s'acquitter des obligations qu'il avait à milord
d'Arundel avant que d'agir en ennemi. La
guerre pouvait peut-être lui en fournir les
moyens; mais il n'était pas libre, et il ne
voulait pas devoir sa liberté à son ennemi :
il pouvait lui offrir la plus forte rançon :
serait-elle acceptée? et, au cas qu'elle ne le
fût pas, quel parti devait-il prendre? L'honneur lui permettait-il encore d'écouter les
secrets qu'on voulait lui confier? Il est vrai
qu'il aurait par là des éclaircissements qui
importaient à son repos.

« Je saurai, disait-il, ce que j'aurais tant

d'intérêt de savoir; je saurai pourquoi l'on m'a trahi. Hélas! reprenait-il, qu'ai-je besoin d'en chercher d'autres causes que l'inconstance naturelle des femmes! Milord d'Arundel n'a que trop de quoi la justifier. Il était présent, j'étais absent; il a été aimé, et j'ai été oublié. »

Tout le cœur de monsieur de Châlons se révoltait contre cette idée, et lui reprochait qu'il faisait une injure mortelle à mademoiselle de Mailly. « Puis-je la reconnaître à cette faiblesse? disait-il. Est-ce elle que je dois soupçonner de s'être laissé séduire par les avantages de la figure? Ne sais-je pas que c'est à quelque vertu qu'elle a cru reconnaître en moi, que j'ai dû le bonheur de lui plaire? »

L'agitation, le trouble, et les sentiments différents dont monsieur de Châlons était rempli, ne lui permirent de longtemps de se déterminer sur ce qu'il devait faire. La nuit entière et une partie de la journée suivante furent employées à déplorer le malheur de sa condition. Il se résolut enfin à savoir ce que milord d'Arundel avait à lui dire, à régler sur cela ses démarches; bien résolu, quoi qu'il pût apprendre, de cacher avec soin qu'il avait été aimé. « La tendresse qu'elle a eue pour moi, disait-il, est un secret qu'elle m'a confié, et qu'aucune raison ne m'autorisera jamais à violer. » Et il ne se rappelait qu'avec honte qu'il avait pensé différemment dans les premiers moments de sa surprise et de sa douleur.

Le trouble où il était augmenta encore. On vint lui dire qu'une femme, conduite par un des gens de milord d'Arundel, demandait à lui parler; elle ne fut pas plutôt introduite dans la chambre, qu'elle se jeta à genoux à côté du lit de monsieur de Châlons, en lui présentant, de la manière la plus touchante, un enfant qu'elle tenait entre ses bras. « J'ai tout perdu, lui dit-elle en répandant beaucoup de larmes; je suis chassée de ma patrie; j'ai laissé dans Calais mes frères, mon mari, mon père, exposés à toutes les horreurs de la guerre et de la famine; je n'ai d'espérance que dans votre secours, je viens vous le demander au nom de cet enfant que je vous ai conservé au milieu de tant de périls. »

Les passions violentes que les réflexions venaient en quelque façon de calmer se réveillèrent avec un nouvel emportement dans l'âme de monsieur de Châlons à cette vue : « Retirez-vous, dit-il d'un ton où la colère et la douleur se faisaient sentir; ôtez de devant mes yeux cette misérable créature, fruit de la trahison la plus insigne. » La femme, effrayée de ce qu'elle entendait, demeurait immobile, et ce malheureux enfant étendait ses petits bras pour embrasser monsieur de Châlons, et lui donnait le nom de père.

Ce nom augmentait encore le sentiment de douleur dont il était déjà pénétré. Le bonheur de celui à qui appartenait légitimement un nom si doux se peignait plus vivement à son imagination; et, ne pouvant soutenir des idées aussi déchirantes, il repoussa cette innocente créature; et, s'adressant à la femme, qui était toujours à genoux : « Encore une fois, lui dit-il, retirez-vous, que je ne vous voie jamais. » Et, faisant signe aux gens qui le servaient qu'on la fît sortir, il se tourna de l'autre côté, le cœur plein de douleur, de colère et de vengeance.

Ce qui venait de se passer n'aurait dû apporter aucun changement à sa situation : il était instruit depuis longtemps de ce qui faisait le sujet de son désespoir; mais le temps avait affaibli ces idées. La connaissance de milord d'Arundel ne les avait déjà que trop douloureusement retracées à son souvenir; elles venaient de se réveiller d'une manière encore plus violente.

Après bien des incertitudes le fond de son caractère, plein de douceur, prévalut enfin. L'amour extrême qu'il avait pour mademoiselle de Mailly lui inspirait aussi quelque compassion pour son enfant : un sentiment de justice se joignait à cette compassion. Pourquoi satisfaire sa vengeance aux dépens de ce petit infortuné? Est-il coupable de sa naissance? Il ne la connaît seulement pas. De quel droit l'enlever à ses parents? Ne valait-il pas mieux le rendre à celui qu'il en jugeait le père? Il s'acquittait par là de la reconnaissance qu'il lui devait, de cette reconnaissance qui n'était pas le moins sensible de ses maux. Il fallait avant toutes choses, écouter le récit que milord d'Arundel devait lui faire; mais comment soutenir cette affreuse confidence? Serait-il maître de lui et de son transport? Pourrait-il entendre des choses dont la seule idée le faisait frissonner? « Qu'importe après tout? disait-il; je ne puis que mourir, et la mort est préférable au trouble où je suis. »

Monsieur de Châlons, en conséquence de ses résolutions, donna les ordres nécessaires, et se disposa à recevoir milord d'Arundel.

TROISIÈME PARTIE

Milord d'Arundel, retenu par les occupa-
tions de la guerre, ne put qu'après quelques
jours satisfaire le désir qu'il avait de revoir
son prisonnier. « Pourrez-vous bien m'écouter aujourd'hui? » lui dit-il en entrant dans
sa chambre et en s'asseyant auprès de lui.
Monsieur de Châlons répondit quelques mots
d'une voix tremblante, que milord d'Arundel
attribua à la faiblesse où il était encore; et,
ne voulant pas perdre des moments qui lui
étaient précieux, il lui parla ainsi :

J'avais à peine fini mes exercices, qu'É-
douard, par des raisons de politique, résolut
de me marier avec mademoiselle d'Hamilton : il espérait, en formant des alliances entre
les premières maisons d'Angleterre et
d'Écosse, unir peu à peu les deux nations.
Mon père se prêta aux vues du roi : comme

on ne voulait point employer l'autorité pour obtenir le consentement de la maison d'Hamilton, et que la jeunesse de mademoiselle d'Hamilton donnait tout le temps de l'obtenir, le dessein du roi demeura secret entre mon père et lui.

Je fus envoyé en Guyenne. La paix qui était alors entre les deux couronnes me fit naître le désir de voir la cour de France. Je m'y liai d'amitié avec le jeune Soyecourt, dont le caractère me convenait mieux que celui des autres gens de mon âge avec qui j'avais fait société. Je le retrouvai à Calais, où je m'étais proposé de m'arrêter. Il s'empressa de me faire les honneurs de la ville. La maison de madame de Mailly était la plus considérable; j'y fus reçu et traité comme un homme dont le nom méritait quelque distinction.

Soyecourt me proposa, peu de jours après, d'aller à une abbaye, à un quart de lieue de la ville, où une fille de condition devait prendre le voile. J'y consentis. Nous trouvâmes l'église pleine de toutes les personnes qui avaient quelque nom; la foule était grande, et la chaleur excessive. Je m'approchai, autant qu'il me fut possible, de l'endroit

où se faisait la cérémonie. Une fille qui y
avait quelque fonction, et qu'un voile qui lui
couvrait en partie le visage m'empêchait de
voir, tomba évanouie.

On s'empressa de la secourir; je m'em-
pressai comme les autres : je lui fis avaler
d'une liqueur spiritueuse que je me trouvai
par bonheur sur moi. La connaissance ne lui
revenait point; il fallut lui faire prendre l'air.
J'aidai à la porter hors de l'église. Sa coiffure,
que sa chute avait dérangée, laissait tomber
sur son visage et sur sa gorge des cheveux
naturellement bouclés, du plus beau blond
du monde; ses yeux, quoique fermés, donnaient cependant passage à quelques larmes.
Des soupirs précipités, qu'elle poussait à tout
moment; la douceur de son visage; son âge,
qui ne paraissait pas au-dessus de seize ans,
tout cela la rendait touchante au dernier
point.

Mademoiselle de Mailly, que j'avais déjà
vue auprès de madame sa belle-mère, vint à
elle, et la secourut, avec des témoignages
d'amitié dont je lui savais autant de gré que
d'un service qu'elle m'aurait rendu. Il me
parut que l'état de cette fille lui faisait une
sorte de compassion qui n'était point celle

que l'on a pour un mal aussi passager; je crus même entendre qu'elle lui disait quelques mots de consolation.

Soyecourt, qui n'avait pas eu d'abord connaissance de cet accident, accourut à nous comme un homme éperdu. Cette fille reprenait dans ce moment connaissance; elle promenait languissamment ses yeux sur tout ce qui l'environnait; et, comme je lui étais inconnu, elle les fixa sur moi. Son regard, le plus beau du monde et le plus touchant, le devenait encore davantage par la tristesse qui y était répandue. J'en fus pénétré; et dès lors que n'aurais-je point fait pour adoucir ses peines! Mademoiselle de Mailly, après lui avoir dit quelques mots à l'oreille et nous avoir remerciés de notre secours, la prit sous le bras, et entra avec elle dans la maison, où il ne nous était pas permis de la suivre.

Soyecourt et moi nous restâmes encore quelque temps ensemble. L'état où je l'avais vu lorsqu'il nous avait abordés me faisait soupçonner qu'il était amoureux; et ce que je commençais à sentir moi-même m'engageait à m'en éclaircir.

« Quelle est cette personne pour laquelle vous venez de montrer tant de sensibilité?

lui dis-je. – C'est, me répondit-il, mademoiselle de Roye, nièce de madame de Mailly.
Elle n'a aucune fortune; la mienne dépend
d'un oncle, qui ne me permettra jamais
d'épouser une fille sans bien. Malgré tous ces
obstacles, j'en suis devenu amoureux, et je
suis d'autant plus à plaindre, que, bien loin
de pouvoir contribuer à son bonheur, je crains
au contraire que l'attachement que je lui ai
marqué n'ait hâté la résolution où l'on est
de lui faire prendre le parti du cloître. »

Ce n'était point assez pour moi d'être instruit que Soyecourt était amoureux : il fallut
encore savoir s'il était aimé. « Je ne saurais
m'en flatter, me dit-il : Je crois que je l'aurais
aimée dix ans, sans qu'elle eût daigné s'en
apercevoir : et, lorsque j'ai parlé, elle ne s'est
point avisée de contester la sincérité de mes
sentiments.

« Je veux bien vous croire, me dit-elle,
pourvu que vous me croyiez aussi. Mon état
et ma fortune suffiraient pour mettre un obstacle invincible à vos prétentions; et cet obstacle, tout invincible qu'il est, n'est cependant
pas le plus fort. Je ne sais si je suis née
insensible; mais vos soins et votre amour
n'ont fait nulle impression sur mon cœur. »

Je ne m'en suis pas tenu, poursuivit Soyecourt, à cette première déclaration; j'ai mis
tout en usage, et tout a été inutile; elle
m'écoute avec une douceur mille fois plus
accablante que ne le seraient ses rigueurs.

« Ne voyez-vous pas, me dit-elle quelquefois, que vous avez fait auprès de moi tout
le progrès que vous pouvez y faire? Je vous
trouve aimable, je vous estime, je crois que
vous m'aimez véritablement : et tout cela ne
me touche point. Perdez une fantaisie qui
vous rend malheureux, et ne me donnez pas
plus longtemps le déplaisir de voir vos peines;
car c'en est un pour moi. »

Ma curiosité augmentait à mesure que
Soyecourt parlait; les moindres détails me
paraissaient intéressants. « Mais, lui dis-je,
peut-être que la sagesse de mademoiselle de
Roye est le plus grand obstacle, et que, si elle
voyait quelque possibilité que vous pussiez
l'épouser un jour, elle vous traiterait différemment? — Ne pensez pas, me répondit-il,
que j'aie négligé ce moyen : quoique mon
bien soit médiocre, il pourrait suffire pour
vivre dans une aisance raisonnable. Je suis
persuadé d'ailleurs que le ressentiment de
mon oncle ne tiendrait pas contre les charmes

et le caractère de mademoiselle de Roye; et
je lui ai dit avec toute la force que donne la
persuasion et avec toute la vivacité du sentiment. »

« Vous comptez trop sur le pouvoir de mes
charmes, m'a-t-elle répondu; et quand j'y
compterais autant que vous, je n'en serais
pas plus disposée à accepter vos propositions.

« Tout mon cœur suffirait à peine pour
m'acquitter de ce que je vous devrais; des
sentiments d'estime et de reconnaissance
payeraient mal les vôtres; je me reprocherais
toujours d'être ingrate, et je ne pourrais cesser de l'être. »

Tout ce que Soyecourt m'apprenait me peignait mademoiselle de Roye si aimable, par
une noble franchise qui n'appartenait peut-
être qu'à elle seule, qu'il acheva, par ses discours, l'impression que sa figure avait déjà
faite sur moi. Une insensible piquait mon
amour-propre; et quoique je ne crusse pas
assurément valoir mieux que Soyecourt, je
me persuadais que je saurais mieux aimer,
et que la vivacité de mes sentiments me donnerait des moyens de plaire qu'il n'avait pu
employer. L'amitié qui était entre nous ne
me faisait naître aucun scrupule : je ne pou-

vais lui faire de tort, puisqu'il n'était pas
aimé.

J'allai, dès que je le pus, chez madame de
Mailly; mademoiselle de Mailly était avec elle;
je lui demandai des nouvelles de mademoiselle de Roye. — Comment monsieur, dit
madame de Mailly en s'adressant à elle, est-
il instruit de l'accident d'Amélie? — Il en a
été témoin, répondit mademoiselle de Mailly,
et c'est en partie par ses soins que mademoiselle de Roye a repris la connaissance. —
Il me paraît, dit madame de Mailly d'un ton
où je sentais de l'aigreur, qu'il aurait été plus
convenable qu'Amélie fût secourue par les
personnes du couvent, que par un homme
de l'âge et de la figure de milord d'Arundel.
Elle est ici, me dit-elle : mademoiselle de
Mailly, qui a de la bonté pour elle, a désiré
que j'envoyasse la chercher. »

Mademoiselle de Roye se montra quelques
moments le lendemain dans la chambre de
sa tante. Quoiqu'elle fût abattue et que la
mélancolie fût répandue sur toute sa personne, elle ne m'en parut pas moins aimable;
peut-être même me le parut-elle davantage.
Madame de Mailly m'examinait; je m'en
aperçus, et je me contraignis au point de ne

regarder mademoiselle de Roye et de ne lui parler qu'autant que la politesse le demandait. Pour elle, à peine osait-elle lever les yeux et prononcer quelques mots.

Cependant je prenais insensiblement du crédit auprès de madame de Mailly, et je tâchais de l'augmenter, dans l'intention de l'employer pour mademoiselle de Roye. Ce que j'avais vu m'avait appris que sa tante la trouvait tout à fait mal. Je réussis dans mon projet beaucoup au-delà de mes espérances. Madame de Mailly me marquait, dans toutes les occasions, des distinctions flatteuses, en conservant cependant cet air austère dont apparemment elle s'est fait une habitude.

Soyecourt n'osait se montrer dans la maison qu'aux heures où tout le monde y était reçu; mademoiselle de Roye n'y était presque jamais alors. Il me parlait souvent de ses peines : j'aurais pu lui rendre confidence pour confidence, et prendre pour moi les conseils que je lui donnais de travailler à se guérir; mais son malheur, loin de me rebuter, semblait m'encourager; et puis, à vous dire la vérité, j'étais entraîné par un penchant plus fort que les réflexions. Sans avoir de dessein déterminé, sans songer quelles seraient les suites de ma passion, je m'y livrais tout entier.

Monsieur de Mouy, oncle de Soyecourt, alarmé de l'amour de son neveu, vint à Calais pour l'en faire partir. Madame de Mailly, qu'il connaissait, étala à ses yeux une raison et une générosité dont l'éloignement qu'elle avait pour sa nièce lui rendait l'exercice très facile.

« Je me suis opposée, lui dit-elle, autant qu'il m'a été possible, à l'inclination de monsieur de Soyecourt; c'est pour en prévenir les suites que j'ai pressé mademoiselle de Roye d'exécuter la résolution où elle est de prendre le parti du cloître, le seul qui puisse convenir à une fille comme elle. Si vous m'en croyez, ajouta madame de Mailly, vous ferez partir monsieur de Soyecourt : il ne faut pas qu'il soit témoin d'une cérémonie qui pourrait l'attendrir encore. »

Une conduite dont les motifs paraissaient si honnêtes attira l'admiration et les remerciements de monsieur de Mouy. Pour y répondre, il crut devoir lui-même parler à mademoiselle de Roye, et lui expliquer les raisons qu'il avait de s'opposer au dessein de son neveu.

Mademoiselle de Roye les reçut avec tant de douceur, tant de raison, tant de vérité, que lui, qui avait toujours eu pour le mariage un si grand éloignement, sentit qu'une personne de ce caractère ferait la félicité d'un mari. Les charmes de mademoiselle de Roye achevèrent ce que son esprit avait commencé; et l'oncle, après quelques jours, fut aussi amoureux que le neveu. Quoique cette démarche démentît toute sa conduite passée, il se détermina à se proposer lui-même.

Un établissement aussi avantageux mis en parallèle avec le cloître, auquel il paraissait que mademoiselle de Roye ne se déterminait que par effort de raison, ne laissait pas douter à monsieur de Mouy que sa proposition ne fût reçue avec joie. Quel fut son étonnement de trouver mademoiselle de Roye dans des sentiments bien différents! « Ne croyez pas, lui dit-elle, qu'une inclination secrète pour monsieur de Soyecourt cause mon refus : pour ne vous laisser aucun doute, je vais me hâter de renoncer absolument au monde. »

J'étais si souvent chez madame de Mailly, qu'il était difficile que j'ignorasse ce qui se passait. Mademoiselle de Mailly, qui m'honorait de quelque estime et de quelque

confiance, m'en avait dit une partie, et
madame de Mailly m'apprit tout ce que je
ne savais pas. Un jour que j'étais seul avec
elle, et que je lui disais de ces sortes de galanteries que l'usage autorise : « Vous me traitez
trop comme les autres femmes, me dit-elle;
que prétendez-vous par ces galanteries? Vous
savez que je ne dois pas même les entendre;
toute ma tendresse est due à monsieur de
Mailly. J'avoue cependant que, quoique ma
confiance soit très grande pour lui, il y a
mille choses que, pour l'intérêt de son repos,
je suis obligée de lui cacher. Je voudrais avoir
un ami assez sûr pour lui dire ce que je ne
lui dis point, et assez éclairé pour m'aider à
me conduire dans des occasions délicates. »

Les qualités qu'on demandait dans cet ami
étaient celles dont on m'avait loué souvent
moi-même; je voyais, par tout ce qui avait
précédé, qu'on voulait que je fusse cet ami.
Il fallut dire ce qu'on attendait de moi; le
fond de mon cœur y répugnait; mais il y a
des cas où le plus honnête homme se trouve
forcé à faire au delà de ce qu'il voudrait. Me
voilà donc lié avec madame de Mailly. Comme
j'avais déclaré plusieurs fois que je demeu-
rerais en France tout le temps que mon père

demeurerait en Écosse, où son séjour devait
être long, la crainte de mon absence n'ap-
portait aucun obstacle à notre liaison.

Quelque temps après cette conversation,
elle me fit prier d'aller chez elle, à une heure
où je ne pouvais trouver personne. « Je suis,
me dit-elle, dans un de ces cas dont je vous
ai parlé; j'ai mille chagrins que je dévorerais
seule, si je n'avais la liberté de vous les confier.
L'intérêt de mon fils m'a engagée dans un
second mariage : mademoiselle de Mailly
devait être le prix de ma complaisance; elle
avait demandé du temps pour se résoudre :
ce temps est expiré; cependant elle ne se
détermine point; il semble même qu'elle
affecte de traiter monsieur de Boulay plus
mal qu'elle ne le traitait d'abord. Monsieur
de Mailly n'a pas la force de se faire obéir :
j'ai tout à la fois à soutenir la douleur de
mon fils et la honte d'avoir fait une démarche
inutile; je ne trouve d'ailleurs que de l'op-
position à tout ce que je veux. Mademoiselle
de Roye s'avise de refuser les offres de monsieur de Mouy, qui, malheureusement pour
lui, en est devenu amoureux, et qui est assez
fou pour vouloir l'épouser. L'héroïsme dont
elle se pare ne me fait point illusion; elle

aime sûrement Soyecourt, et veut se conserver à lui. Mademoiselle de Mailly et elle sont
dans le secret l'une de l'autre; car les femmes
ne sont jamais liées que par ces sortes de
confidences. Ces personnes qui paraissent si
raisonnables ne sont rien moins que ce
qu'elles paraissent. »

L'envie et la jalousie de madame de Mailly
s'exercèrent dans le portrait qu'elle me fit de
l'une et de l'autre, et me confirmèrent dans
la mauvaise opinion que j'avais déjà conçue
de son caractère, que je découvrais, à tous
égards, très différent de celui qu'elle se donnait dans le monde.

Comme j'étais bien éloigné de profiter de
ses faiblesses, ses expressions étaient prises
littéralement; je ne sortais point des bornes
de l'amitié, et je croyais me conserver par là
le droit de lui déclarer, lorsque je le voudrais,
mes sentiments pour mademoiselle de Roye.

Les soupçons qu'on venait de me donner
qu'elle aimait Soyecourt firent une vive
impression sur moi; j'en fus troublé et
alarmé : ce qu'il m'avait dit, qui aurait dû
me rassurer, ne me rassurait plus; je m'ima-
ginais qu'on lui cachait son bonheur. Mademoiselle de Roye m'avait touché surtout parce

que je l'avais crue insensible; la découverte
d'un rival aimé changeait toutes mes idées,
et ne changeait pas mon cœur. Je l'avais vue
jusque-là sans oser tenter de lui parler : il
me parut alors que je lui devais moins
d'égards et de discrétion; et, si son départ
pour le couvent ne m'en eût ôté les moyens,
je crois que j'aurais poussé la folie jusqu'à
lui faire des reproches.

Madame de Mailly, charmée de l'éloigner,
la conduisit elle-même dans sa retraite. J'ar-
rivai un moment après qu'elles furent par-
ties. Mademoiselle de Mailly était en larmes;
la douleur lui arrachait des plaintes que sa
considération pour madame de Mailly lui
avait fait étouffer jusque-là. « Vous êtes
attaché à elle, me dit-elle; que ne lui inspirez-
vous des sentiments plus doux? Quelle barbarie d'obliger cette malheureuse fille à s'en-
sevelir toute vive. »

Les pleurs de mademoiselle de Mailly coulèrent alors en abondance. Je lui en parus si
touché, je l'étais si véritablement, que je n'eus
pas de peine à lui persuader qu'elle pouvait
compter sur moi. Nous examinâmes ce qu'il
convenait de faire; nous conclûmes qu'elle
irait le lendemain voir son amie, qu'elle

concerterait avec elle la conduite qu'il faudrait tenir, et qu'elle m'en rendrait compte.

Quoique mes soupçons sur Soyecourt sub-
sistassent, je n'en fus pas moins disposé à
servir mademoiselle de Roye; elle était trop
à plaindre pour lui refuser mon secours, et
je le lui aurais donné, quand même elle
m'aurait fait une véritable offense. Madame
de Mailly me trouva à son retour chez elle;
elle affecta une tristesse qui cachait une joie
maligne que j'apercevais malgré son art, et
qui me donnait la plus grande indignation.
Je me contraignis cependant; il fallait plus
que jamais ne lui pas déplaire.

Comme elle n'osait contraindre sa belle-
fille jusqu'à un certain point, il m'était facile
de lui parler. « Je ne sais où j'en suis, me
dit-elle au retour de la visite dont nous étions
convenus, mademoiselle de Roye est absolument changée : la vue d'une cérémonie qui
ne l'intéressait que pour lui rappeler peut-
être un peu plus vivement qu'il s'en ferait
quelque jour une pareille pour elle, la mit
dans l'état où vous la vîtes et où vous la
secourûtes; et aujourd'hui il semble qu'elle
est pressée de hâter un moment qu'elle
redoutait si fort : je suis effrayée de sa tran-

quillité; elle me peint une âme qui n'est au-
dessus de son malheur que parce qu'elle en
prévoit la fin. Quelle perspective pour une
fille si accomplie, que de n'envisager d'autre
changement à sa fortune que la mort! »

Ce que me disait mademoiselle de Mailly
me faisait frémir; elle en frémissait comme
moi. « Hélas! me disait-elle, si les persécutions qu'on me fait pour épouser monsieur
du Boulay ne cessent point, je prendrai bientôt le même parti, et je ne le prendrai pas
avec moins de répugnance; car je suis sûre
que mademoiselle de Roye pense de même
qu'elle a toujours pensé. Ces petits riens qui
remplissent la tête de toutes ces filles enfer-
mées ne sauraient trouver place dans la
sienne; elle sera malheureuse faute de pouvoir faire des sacrifices continuels de la raison
et du bon sens. – Empêchons donc, lui dis-
je, mademoiselle, qu'elle ne se mette dans la
nécessité de faire ces sacrifices; persuadez-la
d'attendre le succès de nos soins, et obtenez
d'elle qu'elle ne précipite rien. »

Les choses restèrent pendant quelques jours
dans cette situation. Madame de Mailly souffrait cependant impatiemment que je par-
lasse si souvent et si longtemps à

mademoiselle de Mailly. « Vous allez, me dit-elle, vous laisser séduire aux coquetteries de mademoiselle de Mailly; songez qu'elle a des engagements avec mon fils, et que vous me manqueriez de plus d'une façon. »

Il ne m'aurait pas été difficile de la rassurer : je n'étais point amoureux de mademoiselle de Mailly; et la vérité se fait toujours sentir : mais il eût fallu, pour me bien justifier, tenir des propos aussi opposés à mes sentiments qu'à mon caractère. D'ailleurs la contrainte que je me faisais auprès de cette femme me devenait plus importune à mesure que je la connaissais mieux; et, sans les raisons qui me retenaient, j'aurais cessé de la voir.

Soyecourt était resté à Calais; il venait toujours me conter ses peines. Je le vis entrer un matin dans ma chambre, la douleur et le désespoir peints dans les yeux. « Vous m'avez vu, me dit-il, bien misérable; vous avez vu une fille que j'adore, prête à m'être enlevée par mon oncle, et avec elle toute ma fortune; cette même fille préférer un cloître, où je la perds pour jamais, à un établissement que je croyais qu'elle ne refusait que par un sentiment de générosité qui me rendait sa perte

encore plus sensible et plus douloureuse. Ces
malheurs sont-ils assez grands, et croyez-vous
qu'il fût au pouvoir de la fortune d'en inven-
ter d'autres pour accabler un malheureux?
elle en a trouvé le secret pour moi. Mon
oncle, touché de mon désespoir, touché de
pitié pour mademoiselle de Roye, a fait céder
son amour à des sentiments plus dignes de
lui; il est allé, sans m'en avertir, lui dire
qu'il ne consentait pas seulement à notre
mariage, mais qu'il lui demandait, comme
une grâce, de vouloir bien elle-même y
consentir. « Le refus que j'ai fait, lui a-t-elle
dit, de ce que vous vouliez bien m'offrir, m'a
imposé la loi de n'accepter plus rien. D'ailleurs mon parti est pris, ma résolution ne
peut plus changer. »

« Mon oncle, continua Soyecourt, en m'ap-
prenant ce que je viens de vous dire, n'a pas
douté que mes discours n'eussent plus de force
que les siens, et que je ne déterminasse mademoiselle de Roye en ma faveur. J'ai couru à
son couvent; elle ne m'a vu qu'après des
instances réitérées de la supérieure de la maison, que j'avais entretenue, et que mon
extrême affliction avait mise dans mes intérêts. « Vous voulez donc m'abandonner? lui

ai-je dit en me jetant à ses pieds; vous suis-
je si odieux, que vous me préfériez l'horreur
de cette solitude? Pourquoi voulez-vous ma
mort? pourquoi voulez-vous la vôtre? car vous
ne soutiendrez pas le genre de vie que vous
allez embrasser. Par pitié pour vous-même,
prenez des sentiments plus humains. Doit-il
tant coûter de se lier avec un homme que
vous honorez de quelque estime, et dont vous
savez bien que vous êtes adorée?

« – Oui, je le sais, m'a-t-elle dit en levant
sur moi des yeux mouillés de quelques larmes,
et c'est la certitude que j'en ai, qui m'oblige
à vous refuser. Pourriez-vous être content
sans la possession de mon cœur? ne seriez-
vous pas en droit de me reprocher mon
ingratitude? et quand vous ne me la repro-
cheriez jamais, me la reprocherais-je moins,
et pourrais-je me la pardonner? »

« Que ne lui ai-je point dit? poursuivit
Soyecourt. Hélas! je ne lui ai que trop dit;
c'est la pitié que je lui ai inspirée qui l'a
forcée de m'avouer ce que je voudrais, aux
dépens de ma vie, ignorer toujours. Elle aime,
elle a une inclination secrète qui fait son
malheur aussi bien que le mien. C'est pour
cacher sa faiblesse, c'est pour s'en punir,

qu'elle prend presque avec joie le parti du cloître. »

Le discours de Soyecourt me donna ensemble et beaucoup de curiosité et beaucoup d'émotion. Je voulais savoir quel était ce rival fortuné; mais Soyecourt n'en était pas instruit, et ne savait lui-même sur qui porter ses soupçons. Mademoiselle de Roye lui avait dit que son funeste secret n'était su de personne, et que celui qui en était l'objet n'en aurait jamais aucune connaissance. « En m'ôtant l'espérance, continua Soyecourt, elle augmente encore mon admiration pour elle. Je vais m'éloigner d'un lieu qui ne me présenterait plus que des sujets de tristesse, et attendre du temps et des réflexions un repos que je ne recouvrerai peut-être jamais. »

Le dessein qu'il formait me laissait en pleine liberté de suivre mon inclination. Dès que je fus seul, je me mis à repasser tout ce que je venais d'entendre; j'examinais les démarches de mademoiselle de Roye; je pesais surtout ce que j'avais vu; je rassemblais mille petits riens, auxquels je n'avais osé donner une interprétation favorable, et qui me faisaient alors naître quelques espérances, et me donnaient un sentiment de joie et de plaisir que la crainte de me tromper arrêtait aussitôt. Je voulais absolument m'éclaircir, bien résolu, si j'étais aimé, d'épouser mademoiselle de Roye, et de m'exposer, s'il le fallait, à toute la colère du roi, pour rompre mon engagement avec mademoiselle d'Hamilton.

Je n'imaginai d'abord, pour obtenir cet éclaircissement, aucun moyen où il ne se présentât des monstres de difficultés. Enfin, après avoir bien examiné ce qui pouvait être susceptible de quelque possibilité, je trouvai que je n'avais rien de mieux à faire que de m'introduire dans le couvent. Les difficultés de l'entreprise ne m'arrêtèrent point; j'étais sûr de les aplanir. Je gagnai effectivement le jardinier et celles à qui la porte était confiée; mais je n'en étais guère plus avancé : il fallait une occasion; le hasard me servit.

J'entendis dire, chez madame de Mailly, que l'on devait porter des meubles à mademoiselle de Roye. J'allai aussitôt trouver les amis que je m'étais faits; nous convînmes qu'ils se chargeraient des meubles, et que, ne pouvant les placer sans secours, j'y serais employé. Nous choisîmes le temps où les religieuses sont retenues au chœur. Nous voilà en marche, le jardinier, les portières et moi,

chacun chargé de notre fardeau. Débarrassés
du leur, ils me laissèrent dans la chambre,
où j'étais bien occupé à faire un métier que
j'entendais mal.

Mademoiselle de Roye entra peu après, sans
presque m'apercevoir, sans prendre part à ce
que je faisais. Elle se jeta sur une chaise,
appuyant sa tête sur une de ses mains, dont
elle se couvrait les yeux, et se livra à la
rêverie la plus profonde. Mon saisissement
était extrême; je n'avais plus la force de profiter d'un moment si précieux. La démarche
que j'avais faite me paraissait le comble de
l'extravagance. Je violais l'asile d'un couvent;
je venais surprendre une fille seule dans sa
chambre, pour lui parler d'une passion dont
je ne lui avais jamais donné aucune connaissance. Et sur quoi lui en parler? sur une
espérance frivole qu'elle était touchée d'inclination pour moi.

Ces réflexions m'auraient retenu, et je
serais sorti sans me découvrir; mais mademoiselle de Roye était si belle, je la voyais si
triste, cette tristesse me peignait si vivement
l'état de son âme et les suites funestes que
mademoiselle de Mailly m'avait fait envisager, que, me livrant tout entier au mou-

vement de mon amour, j'allai me jeter à ses pieds. Son trouble et sa frayeur furent si extrêmes, que j'aurais eu le temps de lui dire dans ce premier moment tout ce qui pouvait justifier ou du moins excuser ma démarche; mais la crainte où je la voyais me représentait, m'exagérait même d'une manière si forte le péril où je l'exposais, j'étais moi-même si troublé, que je pus à peine prononcer quelques mots mal articulés, et encore plus mal arrangés.

« Mon Dieu! que vous ai-je fait? s'écriat-elle enfin d'une voix tremblante, et avec un visage où la frayeur était peinte : n'étais-je pas assez malheureuse? Sortez, ajouta-t-elle, ou vous m'allez faire mourir. » Ces paroles, et l'air dont elle me parlait, qui semblait me demander grâce, me percèrent le cœur, et ne me laissaient pas la liberté de lui désobéir, quand une de celles qui m'avaient introduit vint avec beaucoup de précipitation nous annoncer l'arrivée de madame de Mailly. Elle était si près d'entrer, qu'il fallut songer à me cacher dans la chambre. Le lieu le plus propre, et le seul, était une embrasure de fenêtre, sur laquelle on tira un rideau.

J'y passais l'heure la plus pénible que j'aie

passé de ma vie. Madame de Mailly ne faisait pas un mouvement qui ne me fît tressaillir. Mademoiselle de Roye, pâle, interdite, et dans un état peu différent de celui de quelqu'un qui va mourir, me donnait une pitié qui augmentait encore le tendre intérêt que je prenais à elle; j'aurais voulu racheter de mon sang la peine que je lui faisais. Mais quelle fut mon indignation lorsque j'entendis la manière dure dont madame de Mailly lui parlait, la cruauté avec laquelle elle la pressait de prendre le voile, et tout ce qu'elle ajoutait de piquant et d'humiliant même pour l'y déterminer!

Quelque danger qu'il y eût pour moi d'être découvert dans un lieu si sévèrement interdit aux hommes, je fus près vingt fois de me montrer, de déclarer que j'offrais à mademoiselle de Roye ma main, si elle voulait l'accepter. La seule crainte de mettre un obstacle à mes projets en les découvrant me retint. Je craignais aussi de faire un éclat toujours fâcheux pour mademoiselle de Roye, quel qu'en dût être l'événement.

Elle fut assez de temps sans parler. Enfin, faisant, à ce qu'il me parut, un effort sur sa douleur : « J'obéirai, madame », lui dit-elle.

Madame de Mailly, contente de cette promesse, sortit. Mademoiselle de Roye l'accompagna, et me fit dire par sa confidente qu'elle ne rentrerait pas dans sa chambre tant que j'y serais.

Je me soumis sans résistance, et j'allai chez moi lui écrire, non pas une lettre, mais un volume. Le danger où je venais de l'exposer me rendait plus malheureux, et me la rendait mille fois plus chère. Cette voix pleine de charme était encore à mon oreille, qui me disait, d'un ton où la frayeur régnait toute seule : « Mon Dieu! que vous ai-je fait? » Je ne puis vous représenter à quel point j'étais attendri, et combien ma passion y gagnait.

Je n'eus aucune réponse, et j'écrivis encore plusieurs fois sans pouvoir en obtenir. Je m'avisai enfin de lui mander que, si elle n'avait pas la bonté de m'entendre, elle m'exposerait à tenter quelque nouvelle entreprise pareille à la première. Peut-être s'exagérat-elle à elle-même le péril où je pouvais l'exposer; d'ailleurs la bienséance n'était point blessée, puisque je ne demandais à la voir qu'à la grille : enfin elle y consentit.

Je n'ai jamais passé de temps plus agréable, et cependant plus difficile à passer, que celui

qui précéda le jour pris pour cette entrevue.
Le plaisir de voir mademoiselle de Roye, de
la voir de son consentement, l'espérance de
la déterminer en ma faveur, les projets que
je faisais pour l'avenir, remplissaient mon
cœur d'une joie qui se répandait sur toutes
mes actions; mais mon impatience était si
extrême, elle me donnait tant d'inquiétude,
qu'il ne m'était pas possible de me fixer un
moment. Je ne pouvais durer nulle part; il
semblait qu'à force de changer de place j'ac-
courcirais le jour.

Celui que j'attendais vint enfin. Quoique
je fusse dans une grande agitation, et que le
cœur me battît violemment quand je me
trouvai vis-à-vis de mademoiselle de Roye, je
n'avais pas le même embarras, ni la même
crainte que la première fois. Le peu que j'avais
dit alors, les lettres que j'avais écrites depuis,
m'avaient enhardi.

Mademoiselle de Roye, au contraire, me
paraissait plus timide et plus embarrassée.
Que ne lui dis-je point! combien de protes-
tations, de serments, de larmes même, et de
larmes trop sincères pour ne pas faire
impression! Que vous dirai-je? c'était mon
cœur qui parlait : il persuada un cœur que

ma bonne fortune avait prévenu favorablement pour moi. Après beaucoup de résistance, j'obtins la permission de revenir dans
quelques jours. Je ne pus me résoudre à
attendre le temps qui m'était marqué; je
revins dès le lendemain. Des fautes de cette
espèce sont aisément pardonnées : on me
gronda, à la vérité, de n'avoir pas obéi; mais
on me gronda d'une façon si douce, que c'était
presque m'en remercier.

Malgré les ordres de madame de Mailly,
nos entrevues devinrent faciles. Sitôt que je
n'eus plus à tromper mademoiselle de Roye,
je prenais bien mes mesures, et j'avais si bien
mis dans mes intérêts ceux dont j'avais
besoin, qu'il n'y avait presque point de jour
où je ne passasse au moins quelques moments
à cette heureuse grille.

Le caractère de mademoiselle de Roye ne
laisse rien à désirer pour assurer le bonheur
d'un amant et la tranquillité d'un mari. Ses
discours, ses démarches, respirent la vérité;
elle ne connaît le désir de plaire que pour ce
qu'elle aime, et le seul art qu'elle y emploie,
c'est celui d'aimer. Ses pensées, ses sentiments, n'avaient d'objet que moi; toujours
prête à sacrifier à mes intérêts son repos, son

bonheur, et jusqu'au témoignage de sa tendresse même, jamais personne n'a mieux fait
sentir le prix dont on est à ses yeux; les
inquiétudes et les jalousies, toujours insé-
parables de la délicatesse et de la vivacité des
sentiments, ne produisent en elle ni plainte
ni reproche; sa tristesse seule m'instruisait
de sa peine : si les choses les plus légères la
faisaient naître, un mot, un rien, suffisait
aussi pour lui rendre la joie, et je goûtais à
tout moment ce plaisir supérieur à tout autre,
de faire, moi seul, la destinée de ce que j'aimais.

Le charme de nos conversations ne peut
s'exprimer; nous croyions n'avoir passé que
quelques minutes, lorsque nous avions passé
plusieurs heures; et quand il fallait nous
séparer, il nous restait tant de choses à nous
dire, qu'il nous arrivait presque toujours de
nous rappeler, je ne sais combien de fois,
comme de concert. La vertu de mademoiselle de Roye mettait, à la vérité, les bornes
les plus étroites à mes désirs, mais la satisfaction de la trouver plus estimable et plus
digne de mon cœur me faisait une autre
espèce de bonheur, plus sensible pour le véritable amour. J'en étais si occupé, que tout

ce qui n'avait point de rapport à elle m'était insupportable. Je pouvais encore moins me contraindre auprès de mademoiselle de Mailly, quoiqu'elle n'eût d'autre part dans notre confidence que celle de n'en avoir voulu prendre aucune; je savais qu'elle aimait mademoiselle de Roye, et qu'elle en était aimée.

Madame de Mailly, intéressée par les démarches qu'elle avait faites à me conserver, ne vit ma conduite qu'avec le plus violent dépit. Les motifs qui désunissent ordinairement les femmes, et qui ont un pouvoir si absolu sur celles d'un certain caractère, lui avaient donné une haine pour mademoiselle de Mailly, qui s'était encore augmentée par l'éloignement de mademoiselle de Mailly pour le mariage de monsieur du Boulay. Mais le désir de la vengeance fit taire sa jalousie. Elle ne m'en marqua aucune : il semblait au contraire que c'était par confiance qu'elle me contait tous les jours mille choses très capables de me faire impression si j'avais moins connu mademoiselle de Mailly. Je ne vous dis point les persécutions qu'elle essuya alors pour conclure son mariage, et l'art avec lequel on me les déguisait.

Je voyais bien que je n'obtiendrais point
l'agrément de madame de Mailly pour épouser mademoiselle de Roye; elle pouvait au
contraire faire usage de l'autorité qu'elle avait
sur elle, et me l'enlever pour jamais. D'ailleurs, comment demander cet agrément à
une femme qui m'avait laissé voir que je ne
lui étais pas indifférent? Sans expliquer mes
raisons à mademoiselle de Roye, je voulus la
résoudre à un mariage secret. Le plus grand
obstacle que j'eus à vaincre était la crainte
du tort que je pouvais me faire; pas la moindre
défiance sur ma parole, ni sur le sort que je
lui préparais : être unie à moi était pour elle
le souverain bien, le seul qui la touchait aussi.
Dès le moment qu'elle m'avait aimé, le cloître
avait cessé de lui paraître odieux. « Tout ce
qui n'était pas vous, me disait-elle, était égal
pour moi. La solitude même avait l'avantage
de me laisser jouir de mes sentiments, et de
m'aider à les cacher. »

Mes mesures prises, j'entrai une nuit dans
le jardin, à l'aide d'une échelle de corde.
Mademoiselle de Roye m'attendait dans ce
jardin; mais elle n'eut pas la force d'en faire
davantage. Sans lui donner le temps de délibérer, je la pris entre mes bras; je remontai

le mur en la tenant toujours embrassée, et je la menai à une petite église peu éloignée, où j'avais fait tenir un prêtre. Je la remis dans le jardin, de la même façon que je l'en avais fait sortir, et lui fis promettre qu'elle s'y rendrait la nuit suivante. Nous y en passâmes plusieurs autres. Imaginez, s'il vous est possible, quels étaient mes transports; la tendresse de ma femme, toute légitime qu'elle était, ne se montrait qu'avec beaucoup de timidité; et, lorsque je m'en plaignais : « Le besoin que j'ai présentement que vous croyiez que je vous aime, me disait-elle, m'ôte la hardiesse de vous le dire et de vous le marquer. »

Il m'aurait été aisé de l'enlever et de l'emmener en Angleterre; mais ce n'était point comme une fugitive que je voulais qu'elle y parût : je me tenais assuré du consentement de mon père; il convenait de prendre des mesures pour faire agréer au roi mon alliance avec une Française, et la rupture du mariage qu'il avait arrêté pour moi avec mademoiselle d'Hamilton : il fallut me résoudre à quitter une femme que j'adorais, presque dans le moment où je venais d'être heureux, pour nous assurer à l'un et à l'autre la durée de ce bonheur.

Rien ne peut exprimer la tendresse de nos adieux; je la repris vingt fois dans mes bras, elle me baignait le visage de ses larmes; elle me conjurait de ne la point quitter. Hélas! que n'y ai-je consenti! Combien me serais-je épargné de malheurs!

Madame de Mailly fut surprise et ne fut point fâchée de me voir partir; j'étais un témoin incommode pour le personnage qu'elle jouait; peut-être même craignait-elle de ma part quelque trait d'indiscrétion : car monsieur du Boulay, qui avait pris les impressions de sa mère, et qui en conséquence était jaloux de moi jusqu'à la fureur, mettait tous les jours ma patience à de nouvelles épreuves.

Mon père était toujours en Écosse; j'allai le joindre sans me montrer à la cour. J'en fus reçu comme je l'avais espéré. Bien loin de désapprouver mon mariage, il ne songea qu'au moyen d'obtenir le consentement du roi. Les services qu'il venait de rendre dans la guerre d'Écosse, dont le succès était dû à sa valeur et à sa conduite, l'autorisaient à compter sur la complaisance du roi; mais ses services lui avaient attiré plus d'envie de la part des courtisans, que de reconnaissance de la part du prince.

Édouard, séduit par leurs artifices, se persuada que mon mariage, qu'il ne croyait pas fait, cachait quelques desseins contraires à ses intérêts; et, sans vouloir rien entendre, il me fit mettre dans une étroite prison. Ceux à qui je fus confié eurent ordre de ne me laisser parler à personne; mon père même n'eut pas la liberté de me voir; et l'on me déclara que je n'en sortirais que lorsque je serais disposé à remplir les engagements que le roi avait pris pour moi.

Quelque dure que fût ma captivité, je souffrais mille fois plus par la pensée de ce que souffrait ma femme. Hélas! je lui coûterai la vie! m'écriais-je dans ces douloureux moments; voilà le fruit de sa tendresse et de sa confiance!

J'avais déjà passé six mois dans ce triste séjour, quand un soldat de la garnison trouva moyen de me glisser une lettre. Je l'ai lue et relue si souvent, elle a fait une si forte impression sur mon cœur, qu'il ne m'en est pas échappé une syllabe. Voici ce qu'elle contenait :

« Que viens-je d'apprendre! vous êtes pri-

sonnier! Cette nouvelle, qui a pénétré jusque
dans ma solitude, a mis le comble à des maux
que je ne soutenais que parce que je les souffrais seule. Hélas! notre mariage, qui met ma
vie et mon honneur dans un si grand péril,
me comblait de joie. La pensée que j'étais à
vous pour toujours faisait disparaître mes
peines. Mais c'est pour moi que vous souffrez!
C'est moi qui vous rends malheureux!
Quelque cruelle que soit cette circonstance,
elle n'ajoute cependant rien à ma douleur.
Vos maux, indépendamment de ce qui les
cause, prennent toute la sensibilité de mon
cœur. Ma grossesse, dont il faut que je vous
avertisse, va les augmenter encore; je m'en
aperçus quelque temps après votre départ, et,
malgré l'embarras de la cacher, j'en conçus
de la joie. Je vois maintenant toute l'horreur
de ma situation. A qui me confierai-je pour
donner le jour à cet enfant qui m'est mille
fois plus cher parce qu'il est à vous? Comment
faire pour vous le conserver, et sa malheureuse mère? C'est pour vous que je cherche
à vivre; c'est pour vous que je crains de mourir. Je connais votre cœur comme vous
connaissez le mien, vous mourriez de ma
mort. Voilà le fruit de cette tendresse qui

devait faire notre bonheur! Quelle différence
de ces temps heureux où nous étions
ensemble, où nous disions cent fois dans un
moment que nous nous aimions; que nous
nous aimerions toujours! Ce souvenir, que je
me rappelle sans cesse, augmente encore
l'abîme où je suis. Je me trouve seule dans
l'univers : je n'ai que vous; je mettais ma
félicité à n'avoir que vous, et je vous perds!
Ne craignez rien de ma part : la honte que
j'essuierai, plus terrible que la plus affreuse
mort, ne m'arrachera jamais un secret qu'il
vous importe de tenir caché, puisque vous ne
l'avez point découvert; le ciel, qui connaît
mon innocence, qui m'a fait une loi du plus
doux penchant de mon cœur, qui veut que
je vous obéisse, aura pitié de moi et sauvera
ma réputation. Conservez-vous, c'est votre
Amélie qui vous en prie, baignée de ses
larmes! Conservez-vous, encore une fois! il
ne vous reste que ce moyen de me marquer
que vous m'aimez. »

Il me serait impossible de vous peindre
l'état où je me trouvai après la lecture de
cette lettre. La pitié et l'honneur auraient
suffi seuls pour m'intéresser au sort de
madame d'Arundel : jugez ce que l'amour le

plus tendre et le mieux mérité me faisait
sentir. Je ne comprends pas comment je pus
résister à la violence de ma douleur; je crois
qu'il n'y en a jamais eu de pareille. Les partis
les plus extrêmes se présentèrent à moi; et,
si je n'avais été retenu par ce que je devais
à ma femme, je m'y serais abandonné.

Je comptais continuellement le temps où
elle devait accoucher : ce temps, qui ne pouvait être éloigné, me remplissait de frayeur;
les images les plus affreuses se présentaient
continuellement à moi; le peu de moments
que l'accablement me forçait de donner au
sommeil en étaient troublés; je me réveillais
hors de moi-même, et toujours baigné dans
mes larmes; je ne pouvais même instruire
mon père qui ne nous aurait pas abandonnés.

Je fis plusieurs tentatives pour me sauver;
aucune ne réussit : il est vrai que cette occupation était une espèce d'adoucissement à ma
peine, et que les heures que j'employais à
détacher les pierres du mur ou à ébranler le
fer qui tenait à mes fenêtres étaient moins
difficiles à passer; mais le peu de succès de
mon travail me rejetait ensuite dans un nouveau désespoir; je sentais que je ne pouvais
plus en supporter la violence, quand les nou-

velles qui arrivèrent d'Écosse changèrent la
face de mes affaires.

La même politique qui avait fait désirer
au roi d'unir les principales familles d'Angleterre et d'Écosse en avait détourné les
Écossais, toujours occupés du dessein de
secouer le joug des Anglais. Mademoiselle
d'Hamilton, qui m'était destinée, venait d'être
mariée à milord Barclay, le plus grand partisan de la liberté écossaise. Mon père saisit
cette occasion pour demander ma liberté; il
ne l'obtint cependant qu'avec beaucoup de
peine, et qu'après s'être engagé que je sui-
vrais le roi en France, où la rupture de la
trêve entre les deux couronnes l'obligeait de
passer, et qu'il resterait en Angleterre, où il
serait gardé lui-même, jusqu'à ce que j'eusse
prouvé par mes actions que je n'avais aucune
liaison contraire au bien de l'État.

Sitôt que je fus libre, mon premier soin
fut de faire chercher le soldat qui m'avait
rendu la lettre et qui ne s'était plus montré.
Ce soin fut inutile : on me dit qu'il était du
nombre des troupes qu'on avait embarquées
pour envoyer en France. Édouard s'embar-
qua bientôt après, et me fit embarquer avec
lui. « C'est par vos services, me dit-il, que

vous pouvez effacer les impressions que l'on m'a données de votre fidélité. N'espérez pas que je vous accorde la permission de prendre une alliance avec mes ennemis; il faut ranger votre maîtresse au nombre de mes sujets; voilà un moyen d'obtenir un consentement que je ne vous accorderai qu'à ce prix. »

Nous débarquâmes sur les côtes de la Picardie. J'envoyai un homme à Calais, avec des lettres pour madame d'Arundel, je lui avais donné toutes les instructions nécessaires pour s'introduire dans la place. J'attendais son retour avec la plus extrême impatience. Les nouvelles qu'il devait m'apporter décidaient de plus que de ma vie : mais ces nouvelles si attendues et si ardemment désirées ne vinrent point. J'envoyai successivement plusieurs de mes gens : aucun ne parut, et j'ignore encore quel est leur sort.

Il ne me resta d'espérance que dans les succès de la guerre; je m'y portai avec tant d'ardeur, et, pour avancer nos conquêtes, je fis des actions si téméraires et où je m'exposais si visiblement, que le roi fut forcé de me rendre sa confiance. Tout mon espoir était de faire le siège de Calais; la victoire que nous avons remportée nous en a ouvert le chemin; mais le siège peut être long. Monsieur de Vienne paraît disposé à défendre sa place jusqu'à la dernière extrémité, et ce que j'ai appris deux jours avant la bataille ne me permet pas d'en attendre l'événement, et m'oblige à vous demander un prompt secours.

Un prisonnier qui avait été pris par nos gens se fit conduire dans ma tente : je le reconnus pour un nommé Saint-Val, principal domestique de madame de Mailly. Je ne puis vous dire le trouble que cette vue excita en moi; je n'avais pas la force de lui faire des questions, il les prévint; et après m'avoir prié de faire retirer ceux qui l'avaient introduit : « On a voulu, seigneur, me dit-il, se servir de moi pour la plus noire trahison; je m'y suis prêté, pour être à portée de vous en avertir. Madame de Mailly, instruite que vous voulez vous marier en France, et que c'est pour cela que vous avez résisté à la volonté d'Édouard, n'a pas douté que vous n'ayez pris des engagements avec mademoiselle de Mailly. Pour empêcher ce mariage, qu'elle ne saurait souffrir, elle m'a donné la commission de m'introduire auprès de vous, sous le prétexte des services que j'ai rendus à mademoiselle de Mailly pour mettre au monde un

enfant dont je dois vous supposer le père; et
le hasard a si bien servi sa malice, qu'elle
est en état de produire des preuves qui,
toutes fausses qu'elles sont, peuvent paraître
convaincantes contre mademoiselle de Mailly.
L'obligation que l'on m'a imposée de garder
le secret doit céder à celle de secourir l'innocence qu'on veut opprimer; et je crois que
mon honneur et ma conscience me font également un devoir de vous dévoiler ce mystère.

« Il y a environ deux ans que mademoiselle de Roye, dont ma mère avait été la gou-
vernante, me fit dire qu'elle avait à me parler;
l'état où je la vis aurait attendri l'âme la plus
barbare. Elle répandit des torrents de larmes;
je fus longtemps sans pouvoir lui arracher
une parole : elle me dit enfin, au travers de
mille sanglots, qu'elle remettait sa vie et son
honneur entre mes mains, qu'elle était grosse.
Sa douleur ne lui permit pas de m'en dire
davantage, et j'en avais tant de pitié que je
ne songeai qu'à la plaindre et à la soulager.

« Il me paraissait important de connaître
le complice de sa faute; mais je ne pus jamais
l'obliger à m'en faire l'aveu. Son nom est
inutile, me dit-elle en versant de nouvelles
larmes, je suis la seule coupable. La grâce

que je vous demande encore, c'est d'avoir soin de mon enfant. Si je meurs, vous serez instruit, par un billet que je vous laisserai, de celui à qui vous devez le remettre. »

« L'attachement que je conservais pour la mémoire de mon ancien maître, dont mademoiselle de Roye était la nièce, l'embarras où je me trouvais, l'opinion que j'avais conçue de la prudence de madame de Mailly, l'intérêt qu'elle avait elle-même de cacher cette triste aventure, me firent penser que je ne pouvais rien faire de mieux que de m'ouvrir à elle.

« J'eus lieu de m'applaudir du parti que j'avais pris. Elle convint avec moi que, lorsque le temps des couches serait proche, elle mènerait monsieur de Mailly et mademoiselle sa fille à une terre qui lui appartenait, et, que pour ne point donner de soupçons dans le couvent, j'irais chercher mademoiselle de Roye de la part de sa tante; que je la conduirais dans la maison de monsieur de Mailly, où il n'y aurait aucun domestique que ma femme et moi; que ma femme, qui est au service de mademoiselle de Mailly, lui demanderait sous quelque prétexte, la permission de rester quelques jours à Calais.

Madame de Mailly me dit encore qu'il fallait
que mademoiselle de Roye ensevelît sa honte
dans le cloître, et que je devais l'y disposer.

« Les choses s'exécutèrent de la façon dont
madame de Mailly l'avait réglé. Mademoiselle de Roye fut menée chez monsieur de
Mailly, où elle accoucha dans la chambre de
mademoiselle de Mailly même. Le péril où
elle était nous parut si grand, et ma femme
était si peu propre à lui donner des secours
convenables, qu'il fallut qu'elle allât, au
milieu de la nuit, chercher une femme du
métier. »

Depuis que milord Arundel avait commencé de parler, monsieur de Châlons, agité
de mille passions, l'aurait interrompu cent
fois, si le désir d'être plus pleinement éclairci
n'avait retenu son impatience; mais, n'étant
plus alors son maître, et embrassant milord
d'Arundel, et lui serrant les mains de la
manière la plus tendre : « Vous me rendez la
vie une seconde fois, lui dit-il. Que dis-je?
vous me donnez plus que la vie. Quoi! mademoiselle de Roye est votre femme! elle est
mère de cet enfant qui m'a rendu si criminel!
Oui, j'aurais dû en démentir mes yeux; mes
indignes soupçons ne méritent point de grâce,

et moi-même je ne me les pardonnerai jamais. »

Monsieur de Châlons était pénétré de son sentiment; il parlait avec tant de passion, qu'il ne pouvait s'apercevoir de la surprise où il jetait milord d'Arundel. « Je vous demande pardon, lui dit-il après ce premier transport, de vous avoir interrompu : achevez, s'il vous plaît, de m'instruire; et avant toutes choses, souffrez que j'ordonne que l'on cherche l'enfant et la femme que vous m'envoyâtes. J'espère qu'ils m'aideront à m'acquitter d'une partie de ce que je vous dois.

« — Que me faites-vous envisager! s'écria milord d'Arundel. Serait-il possible? Non, cela ne peut être. Je conçois trop légèrement des espérances, dont ma mauvaise fortune devrait m'avoir désabusé. — Ne craignez point de vous y livrer, répondit monsieur de Châlons; et pendant qu'on exécutera l'ordre que je viens de donner, achevez de me dire ce que vous jugez que je dois savoir.

« — Je ne suis plus en état de vous parler, répliqua milord d'Arundel; ayez pitié de mon trouble; daignez m'éclaircir. — Vous le serez dans le moment, dit monsieur de Châlons en voyant entrer la femme qu'il avait envoyé chercher. La nature est-elle muette? poursuivit-il en prenant l'enfant des bras de sa nourrice et en le mettant dans ceux de milord d'Arundel. Ne vous dit-elle rien pour ce fils? Je vous le rends, ajouta-t-il, avec autant et plus de joie que vous n'en avez vous-même de le recevoir. » Il lui conta alors comment le hasard l'avait mis en sa puissance. Milord d'Arundel l'écoutait, les yeux toujours attachés sur son fils, qu'il serrait entre ses bras, et qu'il mouillait de quelques larmes que la joie et la tendresse faisaient couler. « Je reconnais, disait-il, les traits de sa mère; voilà sa physionomie; voilà cette douceur aimable qui règne sur son visage; voilà ses grâces. » Ces discours étaient accompagnés de mille caresses, qu'il ne cessait de prodiguer à ce fils si chéri et si heureusement retrouvé. Il semblait que cet enfant, inspiré par la nature, reconnût aussi son père : il s'attachait à lui; il ne pouvait plus le quitter; il lui souriait; il voulait lui parler.

Monsieur de Châlons contemplait ce spectacle avec un plaisir que la situation agréable où il était lui-même lui rendait plus sensible. « Je vous demanderais pardon de mes faiblesses, lui dit milord d'Arundel; mais vous êtes trop honnête homme pour n'en être pas susceptible aussi. Hélas! poursuivit-il en embrassant encore son fils, sa malheureuse mère pleure sa perte. Tandis que mon cœur se livre à la joie, elle est plongée dans le plus affreux désespoir; elle se repent peut-être de m'avoir aimé!

« L'attachement que vous avez pour mademoiselle de Mailly, et dont je suis informé, dit-il à monsieur de Châlons, après avoir fait signe à ceux qui étaient dans la chambre de sortir, demande de vous les mêmes choses que vous demande l'amitié que vous avez pour moi. Voyez mademoiselle de Mailly pour son intérêt, pour celui de madame d'Arundel et pour le mien. Instruisez-la des artifices de sa belle-mère, et de ce qu'elle doit en craindre; réveillez son amitié pour madame d'Arundel et ses bontés pour moi : obtenez d'elle qu'elle apprenne à ma femme que son fils est retrouvé, que je n'attends que la fin du siège pour déclarer mon mariage, pour me joindre à elle et ne m'en séparer jamais. Je tremble que la perte de son fils et la crainte d'être abandonnée ne la déterminent à se lier par des vœux : que sais-je même si, contre sa volonté, elle n'y sera pas forcée par la malice

de madame de Mailly? que sais-je enfin ce
que produira la douleur dont elle est accablée
depuis si longtemps. Je ne puis y penser sans
frémir.

« – Je suis prêt à faire ce que vous voulez,
lui dit monsieur de Châlons, qui vit qu'il
n'avait plus la force de parler; mais vous
n'êtes pas informé de mes dernières aventures. – Je vous avoue, répliqua-t-il, que ce
que j'apprenais de madame d'Arundel me
touchait trop sensiblement pour me laisser
la liberté de faire des questions étrangères. »

Monsieur de Châlons lui conta alors, le
plus succinctement qu'il lui fut possible, son
combat avec monsieur du Boulay, et les suites
de ce combat. « Je crois, ajouta-t-il, qu'il faudrait que je pusse raisonner avec Saint-Val.
L'aveu qu'il vous a fait prouve en lui des
sentiments de probité et d'honneur qui nous
assurent de sa fidélite. – Je le pense comme
vous, répondit milord d'Arundel; je vais vous
l'envoyer et écrire à madame d'Arundel;
pourvu que ma lettre puisse lui être remise,
je m'assure qu'elle ne fera rien contre moi. »

De retour chez lui, il fit conduire Saint-
Val chez monsieur de Châlons. « Milord
d'Arundel vous a appris qui je suis, lui dit

monsieur de Châlons, et vous a assuré que
vous pouvez prendre une entière confiance
en moi. – Oui, seigneur, répondit Saint-Val.
L'heureuse aventure qui lui a rendu son fils
marque la protection particulière du ciel sur
mademoiselle de Mailly, dont l'innocence
aurait pu vous être toujours suspecte. – Ne
parlons point d'une chose, répliqua monsieur de Châlons, qui me cause le plus vif
repentir, et dont je vous prie de perdre à
jamais le souvenir. – Ce repentir serait encore
plus grand, dit Saint-Val, si vous étiez instruit de tout ce que mademoiselle de Mailly
a fait pour vous. – De grâce, mon cher Saint-
Val, répliqua monsieur de Châlons d'une
manière affectueuse et suppliante, informez-
moi de ce qui peut avoir le moindre rapport
à elle.

« – Il faut, seigneur, pour vous satisfaire,
répondit Saint-Val, rappeler le temps où
monsieur de Mailly avait pris des engagements avec vous. Son mariage avec madame
du Boulay lui donna d'autres vues; mais,
quelque grand que fût le crédit de madame
du Boulay sur l'esprit de monsieur de Mailly,
il ne put refuser à mademoiselle de Mailly le
temps qu'elle demandait pour tâcher de vous

oublier. Le mariage de monsieur son père se fit tout seul, et mademoiselle de Mailly n'eut pendant quelque temps d'autre peine que celle de ne conserver aucun commerce avec vous.

« Milord d'Arundel vint à Calais à peu près dans ce temps-là. Ce qu'il a été obligé de m'avouer des sentiments de madame de Mailly pour lui, de la jalousie qu'elle conçut pour sa belle-fille, me donne l'intelligence d'une conduite dont jusqu'ici je n'avais pu comprendre les motifs. Mademoiselle de Mailly eut mille persécutions à essuyer pour épouser monsieur du Boulay, et elles augmentèrent lorsque vous eûtes enlevé mademoiselle de Liancourt.

« Mademoiselle de Mailly ne pouvait plus alors opposer à la volonté de son père l'inclination qu'elle conservait pour vous. Sa résistance fut mise sur le compte de milord d'Arundel. Monsieur du Boulay, inspiré par sa mère, tourna sa jalousie contre lui; et je ne sais s'il ne vous prit point pour quelqu'un qui lui appartenait, quand il vous attaqua, lui troisième, sous les fenêtres de mademoiselle de Mailly. Votre valeur vous délivra de ces indignes assassins. Monsieur du Boulay vous reconnut lorsque vous lui fîtes rendre

son épée, et vécut encore assez pour exciter
contre mademoiselle de Mailly un violent
orage.

« Madame de Mailly, à la vue de son fils
couvert de sang et de blessures, n'écouta que
son désespoir et sa rage. « C'est vous, dit-elle
à monsieur de Mailly, qui avez causé mon
malheur; ce sont les promesses que vous
m'avez faites, et que vous n'avez pas eu la
force de remplir, qui ont allumé la passion
de mon malheureux fils : il ne me manque
plus, pour achever de me percer le cœur, que
de voir son meurtrier devenir votre gendre.
Oui, vous aurez cette faiblesse; votre fille peut
tout sur vous et je ne puis rien. »

« Monsieur de Mailly aimait sa femme;
l'état où il la voyait animait sa tendresse.
Madame de Mailly profita de ce moment pour
faire approuver ses desseins. « Vous aviez,
disait-elle, assassiné son fils, elle en avait
toutes les preuves; il fallait en tirer une vengeance éclatante : il fallait vous faire périr
d'une mort ignominieuse. »

« Quel que soit son ascendant sur l'esprit
de monsieur de Mailly, elle ne put l'engager
à des projets si odieux. Par complaisance pour
lui, elle parut y renoncer, à condition cepen-

dant que mademoiselle de Mailly épouserait
monsieur du Boulay dans l'état où il était.
« Il faut, disait-elle, qu'elle prenne la qualité
de sa femme, pour m'assurer qu'elle ne sera
jamais celle de son meurtrier; de plus, monsieur du Boulay désirait ce mariage avec tant
d'ardeur, que ce serait peut-être un moyen
de lui sauver la vie. »

« Séduit par ses caresses et ses artifices,
monsieur de Mailly se détermina à faire à sa
fille cette étrange proposition. Elle répondit
à son père avec tant de force et de courage,
et cependant avec tant de respect et de tendresse, qu'il se vit forcé à lui tout déclarer.
« Madame de Mailly, lui dit-elle, devrait être
rassurée par ce même enlèvement de mademoiselle de Liancourt, dont elle veut se servir
contre monsieur de Châlons. Mais, si cette
raison ne lui suffit pas, j'engage ma parole
de n'épouser jamais monsieur de Châlons; et
je vous l'engage à vous, mon père, à qui rien
dans le monde ne serait assez puissant pour
me faire manquer. »

« Ce n'était pas assez pour madame de
Mailly, qui vous craignait encore moins que
milord d'Arundel, et qui voulait acquérir une
autorité entière sur mademoiselle de Mailly.

Elle renouvelait ses menaces, elle insistait pour le mariage. Mademoiselle de Mailly aurait préféré la mort, mais elle tremblait pour vous; elle connaissait la faiblesse de son père, et je ne sais ce qui serait arrivé, si monsieur du Boulay avait vécu encore quelque temps.

Forcée d'abandonner ce projet, madame de Mailly forma celui dont j'ai été chargé. Elle espérait par là satisfaire également sa haine et sa vengeance; car, seigneur, j'avais ordre de faire tomber sur vous tous les soupçons de milord d'Arundel, de lui inspirer de vous voir l'épée à la main, de l'engager à faire un éclat qui perdit d'honneur mademoiselle de Mailly, et qui vous donnât à vous-même le plus profond mépris pour elle.

« – Quelle horreur! s'écria monsieur de Châlons : à quoi mademoiselle de Mailly n'est-elle pas exposée! S'il ne fallait que ma vie, j'irais la sacrifier à la haine de mon ennemie; aussi bien ne la conserverai-je pas longtemps, s'il faut que je perde toute espérance. Mais madame de Mailly me hait bien moins qu'elle ne hait mademoiselle de Mailly; peut-être même ne me hait-elle que pour avoir le droit de la haïr. Que ferons-nous, mon cher Saint-

Val? Comment apprendre à mademoiselle de Mailly les noirceurs que l'on avait préparées contre elle, et dont il est si important qu'elle soit informée? Comment la faire revenir des funestes engagements qu'elle a pris contre moi? Comment remplir auprès de madame d'Arundel les intentions de son mari?

« – En vérité, seigneur, lui dit Saint-Val, j'y suis bien embarrassé; la façon dont j'ai exécuté les ordres de madame de Mailly ne me permet pas de me montrer chez elle; d'ailleurs il n'est plus possible de pénétrer dans Calais. »

Monsieur de Châlons sentait toutes ces difficultés. Saint-Val n'avait point de motifs assez pressants pour entreprendre de les surmonter; il fallait pour cela une passion aussi vive que celle dont monsieur de Châlons était animé. Après avoir examiné tous les moyens, il se détermina d'aller joindre le comte de Canaple, qui cherchait à profiter des circonstances pour ravitailler Calais.

Milord d'Arundel convint avec monsieur de Châlons qu'afin qu'il fût plus maître de ses démarches, on laisserait subsister l'opinion où l'on était qu'il avait péri à la

bataille de Crécy, et il les conduisit, lui et
Saint-Val, par-delà les lignes du camp, d'où
ils allèrent avec la plus grande diligence possible à celui des Français.

QUATRIÈME PARTIE

Monsieur de Canaple était parti depuis quelques jours pour l'exécution d'un dessein qu'il n'avait communiqué à personne. Ce contre-temps désespérait monsieur de Châlons : il tenta plusieurs fois de se jeter dans Calais. L'envie de réussir ne lui laissait consulter que son courage. Il agissait avec si peu de précaution, qu'il pensa plusieurs fois retomber dans les mains des Anglais. Les blessures qu'il reçut le forcèrent à suspendre ses entreprises. Pendant qu'il était retenu malgré lui dans son lit, et que ses inquiétudes retardaient encore sa guérison, monsieur de Canaple exécutait heureusement son projet.

Calais, malgré les soins et les précautions de monsieur de Vienne, souffrait déjà les horreurs de la plus affreuse famine; tout y manquait, et les gens de la plus haute qualité

n'avaient sur cela aucun privilège. Le gouverneur, pour donner des exemples de courage et de patience, ne permettait aucune
distinction pour sa maison, et ceux qui la
composaient étaient les plus exposés à la calamité publique. La ville était bloquée du côté
de la terre; la flotte anglaise défendait l'entrée du port. Ces difficultés auraient paru
insurmontables à tout autre qu'au comte de
Canaple; mais le désir de rendre à sa patrie
un service signalé, et de sauver ce qu'il aimait,
lui rendait tout possible.

La voie de la mer, quelque difficile qu'elle
fût, était la plus praticable. Il fit chercher à
Abbeville deux hommes hardis, nommés
Marante et Mestriel, qui connaissaient parfaitement la côte, et à qui la vue de la récom-
pense fit disparaître le péril. Les coffres du
roi étant épuisés, monsieur de Canaple fit
cette entreprise aux dépens d'une partie de
son bien. Il se mit lui-même, avec ces deux
hommes, dans une barque, et conduisit des
munitions à Calais.

Comme cette manœuvre devait être répé-
tée plusieurs fois, il n'entra pas d'abord dans
la ville; mais en envoyant ces munitions à
monsieur de Vienne, il lui fit dire qu'elles

étaient principalement destinées pour lui et
pour madame de Granson. Il le fit prier aussi
d'en faire part à mademoiselle de Mailly :
l'estime et l'amitié qu'il avait pour elle ne
lui permettaient pas de l'oublier.

Ce secours, arrivé dans un temps où les
besoins étaient si pressants, fut reçu de monsieur de Vienne avec autant de joie que de
reconnaissance. Il alla porter cette agréable
nouvelle à sa fille; elle était toujours plongée
dans une profonde mélancolie, à laquelle les
calamités publiques n'auraient presque rien
ajouté, sans l'intérêt de son père.

L'outrage que le comte de Canaple lui avait
fait, les services qu'il lui avait rendus, la
tendresse qu'elle ne pouvait s'empêcher
d'avoir pour lui, l'amour dont elle le soup-
çonnait pour mademoiselle de Mailly, toutes
ces différentes pensées l'occupaient tour à
tour, et ne la laissaient pas un seul moment
d'accord avec elle-même. Il n'était cependant
pas possible que ce que le comte de Canaple
venait de faire ne lui causât un sentiment
de plaisir, et qu'elle ne sentît la part qu'elle
y avait. Mais ce plaisir fut suivi d'une douleur
mêlée de honte, quand elle apprit que mademoiselle de Mailly partageait les secours qu'on

lui donnait. « Ce serait peu de les partager, disait-elle, c'est à elle que je les dois, et la fortune, qui me persécute avec tant de cruauté, m'expose à cette nouvelle humiliation. »

Ces pensées ne la disposaient pas à recevoir favorablement le comte de Canaple; il crut, après avoir fourni aux nécessités les plus pressantes de la ville, pouvoir s'y arrêter quelques jours. L'état de liberté où madame de Granson était alors, ce qu'il faisait pour elle, lui donnaient une espérance que la vivacité de ses passions augmentait encore par le besoin qu'elle lui donnait d'espérer. Tout cela le déterminait à chercher à la voir et à lui parler. Monsieur de Vienne le mena avec empressement dans l'appartement de sa fille.

« Aidez-moi, lui dit-il, à m'acquitter envers ce héros. – Notre reconnaissance, répliqua-t-elle d'un ton froid, et sans regarder le comte de Canaple, payerait mal monsieur; il attend un prix plus glorieux de ce qu'il a fait. » Monsieur de Canaple, que l'accueil de madame de Granson avait glacé, demeurait sans réponse; et, pressé d'un mouvement de dépit, il avait une sorte d'impatience d'être hors d'un lieu où il avait si ardemment désiré de se trouver.

Les députés de la ville, qui demandèrent à le voir, lui fournissaient le prétexte dont il avait besoin pour s'éloigner, si monsieur de Vienne, persuadé que sa présence et celle de sa fille ajouteraient quelque chose de plus flatteur aux honneurs qu'on lui rendait, n'eût ordonné de faire entrer les députés.

Le comte de Canaple les reçut avec un air de satisfaction, qu'il empruntait de son dépit. C'était une vengeance qu'il exerçait contre madame de Granson, à qui la reconnaissance publique reprochait son insensibilité et son ingratitude.

Un gentilhomme de mademoiselle de Mailly, du nombre des députés, avait ordre de remercier en particulier le comte de Canaple. « Mademoiselle de Mailly, seigneur, ajouta-t-il lorsqu'il eut rempli sa commission, vous prie de la voir aujourd'hui, s'il vous est possible. — Ce sera tout à l'heure », répondit-il assez haut pour être entendu de madame de Granson; et, s'acquittant tout de suite de ce qu'il devait aux députés, il sortit avec eux. Monsieur de Vienne le laissa en liberté de faire une visite où il croyait que les témoins lui seraient importuns, et alla, suivant sa coutume, visiter les différents quartiers de la ville.

Madame de Granson avait besoin de la solitude où on la laissait : elle ne pouvait plus soutenir la contrainte qu'elle s'était faite. A peine fut-elle seule, qu'elle entra dans un cabinet où elle s'enferma; et, se jetant sur un lit de repos, elle s'abandonna tout entière à sa douleur. Ce qu'elle venait d'entendre, l'air satisfait que le comte de Canaple avait affecté, ne lui laissaient aucun doute sur la passion dont elle le croyait occupé.

« Que ferai-je? disait-elle; m'exposerai-je à le voir revenir avec cette joie qui insulte à ma honte? recevrai-je des soins et des respects qu'il ne me rend que parce qu'il m'a offensée? Plus il cherche à réparer, plus il croit devoir, plus il m'avertit de ce que je dois penser moi-même. Que sais-je encore si un sentiment délicat pour ce qu'il aime, si le désir de s'en rendre plus digne, n'est pas le seul motif qui lui fait chercher à être moins coupable avec moi? Peut-être n'ai-je d'autre part à ses démarches que d'être le jouet de sa fausse vertu, après l'avoir été de son caprice. »

Malgré cette pensée, malgré le ressentiment qu'elle lui causait, elle ne pouvait s'empêcher de compter le temps que le comte de
Canaple passait avec mademoiselle de Mailly.
Son imagination lui représentait la douceur
de leur entretien, et lui en faisait une peinture désespérante. Elle le voyait à ses genoux;
elle la voyait s'applaudir que la ville dût sa
conservation au courage de son amant et à
la tendresse qu'il avait pour elle. « Qu'elle
est heureuse! disait-elle; elle peut aimer, elle
le doit. Et moi, je dois haïr; et je suis assez
lâche et assez malheureuse pour avoir peine
à le vouloir! S'il était tel que lorsque je l'ai
connu! s'il ne m'avait point offensée! s'il n'aimait rien!... Mais il m'a offensée! mais il
aime! »

Tandis que madame de Granson s'affligeait
de la joie et des triomphes de mademoiselle
de Mailly, monsieur de Canaple voyait couler
les larmes qu'elle donnait à la mort de monsieur de Châlons, et n'avait plus la force de
lui laisser des espérances qui lui paraissaient
absolument fausses. « Quoi! lui disait-elle, je
n'ai plus de ressources! Il est donc certain
qu'il a péri? Hélas! du moins s'il avait pu
savoir tout ce qu'il m'a coûté, s'il savait que

je ne renonçais à lui que pour lui-même!
Nous n'aurions jamais été l'un à l'autre, s'il
avait vécu; mais il vivrait, et il aurait vu que
je n'aurais jamais été à personne. Vous êtes
attendri, dit-elle au comte de Canaple, vous
regrettez encore un ami que vous aimiez.
Vous vous consolerez, ajouta-t-elle; l'amitié
se console, et je ne me consolerai jamais. Mon
parti est pris; j'irai m'enfermer dans un lieu
où je pleurerai seule, et où je m'assurerai de
pleurer éternellement. »

« — L'attachement que vous avez pour
monsieur votre père, lui dit le comte de
Canaple, mettra obstacle à votre résolution,
et me rassure contre cet effet de votre douleur. — Hélas! reprit-elle, il a causé tout mon
malheur; je ne le lui reproche pas : il a été
faible; et ne l'est-on pas toujours quand on
aime! Que sais-je moi-même de quoi j'aurais
été capable, si j'avais eu un amant moins
vertueux? Mon cœur était entre ses mains. »

Monsieur de Canaple admirait une façon
de penser si raisonnable et si peu ordinaire.
Il s'affligeait avec mademoiselle de Mailly de
la perte qu'elle pensait avoir faite, et s'affligeait aussi de ses propres maux. Croire être
haï de ce qu'on aime est une douleur peut-

être plus insupportable que d'en pleurer la mort.

Les principaux habitants de Calais, qui l'avaient accompagné, l'attendaient pour le reconduire chez monsieur de Vienne. Sa marche, qui était une espèce de petit triomphe, fut interrompue par un habitant, nommé Eustache de Saint-Pierre, dont l'état ne paraissait pas au-dessus de celui d'un simple bourgeois, et qui, après avoir percé la foule, vint embrasser le comte de Canaple : « Vous m'êtes donc rendu, mon cher fils! lui disait-il; le ciel a été touché de mes larmes; je vous revois, et vous êtes le libérateur de notre patrie! Quel père, après avoir été si misérable, a jamais été si fortuné! »

L'étonnement de monsieur de Canaple, qui ne comprenait rien à cette aventure, donna le temps à ce bonhomme, vénérable par ses cheveux blancs, de l'examiner plus à loisir; et, se prosternant jusqu'à ses pieds : « Je vous demande pardon, monseigneur, lui dit-il; une assez grande ressemblance a causé le manque de respect où je viens de tomber. Je ne le vois que trop; vous n'êtes point mon fils : je vous prie d'oublier que je vous ai donné un nom si peu digne de vous. Hélas! ce moment vient de rouvrir des plaies que le temps commençait à fermer. »

Le comte de Canaple, touché de son affection, le releva avec bonté, et l'embrassa comme s'il avait été véritablement son père : « Ne vous repentez point, lui dit-il, de m'avoir appelé votre fils : je veux à l'avenir vous en tenir lieu; la nature n'aura pas mis en vain cette ressemblance entre nous. » Et, l'embrassant de nouveau, il le congédia, et alla rejoindre monsieur de Vienne.

Madame de Granson ne parut point le reste de la journée; cette continuation de rigueur désespérait le comte de Canaple. Il la trouvait si injuste, et les services qu'il rendait si mal payés, qu'il avait des moments où il se repentait presque de tout ce qu'il avait fait, et où il formait la résolution de fuir madame de Granson pour jamais.

Sans avoir déterminé ce qu'il devait faire, il partit de Calais. Mais le véritable amour se range toujours du parti de l'objet aimé. Monsieur de Canaple se jugea bientôt coupable de l'injustice dont il accusait madame de Granson : il trouvait des raisons pour justifier la conduite qu'elle tenait alors, si différente de celle qu'elle avait tenue à Paris.

La présence de son mari l'avait obligée à des ménagements qui n'étaient plus nécessaires, et elle pouvait en liberté se livrer à toute son indignation. Plus la mort de son mari l'avait attendrie pour lui, plus elle devait sentir l'injure qui lui avait été faite.

A mesure que le dépit s'éteignait dans l'âme de monsieur de Canaple, il reprenait le désir d'approvisionner Calais. Ce qu'il avait déjà fait l'engageait à faire davantage. L'amour de sa propre gloire demandait de lui ce que son amour pour madame de Granson ordonnait.

Les moments étaient précieux; les Anglais pouvaient découvrir la manœuvre et y mettre obstacle. les matelots eurent ordre de préparer les petits bâtiments; une tempête furieuse s'éleva dans le temps qu'il fallut s'embarquer : les deux matelots représentèrent en vain au comte de Canaple la grandeur du péril; la tempête, loin de le rebuter, lui donnait au contraire une nouvelle assurance de se dérober à la flotte ennemie.

Pendant vingt-quatre heures que dura le trajet, ils furent cent fois près d'être submergés; et lorsque, après des peines infinies, ils eurent le bonheur d'arriver à Calais, les

provisions se trouvèrent presque toutes gâtées
par l'eau de la mer; les bâtiments avaient
besoin d'être réparés pour pouvoir être remis
à la mer. Pendant qu'on y travaillait, le roi
d'Angleterre, averti qu'il était entré des
munitions dans la place, fit construire le long
de la côte plusieurs fortins qui en défendaient
l'entrée et la sortie. Il ne fut pas possible à
monsieur de Canaple de suivre son projet :
enfermé dans la ville, hors d'état désormais
de secourir madame de Granson, il ne lui
resta que l'espérance de mourir du moins en
la défendant.

Monsieur de Mailly, dont la maison était
voisine de la principale attaque, avait
demandé à monsieur de Vienne de le recevoir
dans le château; et monsieur de Canaple se
trouva logé avec mademoiselle de Mailly.
Malgré l'éloignement que madame de Granson avait pour elle, il était impossible qu'elles
ne se vissent souvent. La tristesse où mademoiselle de Mailly était plongée convenait au
sentiment que madame de Granson lui sup-
posait, et la confirmait dans son opinion.

Mais cette tristesse était toujours la même;
la présence de monsieur de Canaple laissait
mademoiselle de Mailly comme elle l'avait

trouvée; nul changement en elle, nul empressement de la part de l'un ni de l'autre de se
voir et de se chercher; enfin rien de tout ce
qui marque l'amour, et le fait si sûrement
reconnaître. Madame de Granson faisait
toutes ces remarques, et, sans le savoir, elle
en traitait moins mal monsieur de Canaple;
elle l'évitait pourtant toujours avec le même
soin, mais non pas tout à fait avec la même
disposition.

Cependant le découragement était général
dans Calais; les plus braves n'avaient pas la
force de faire usage d'une bravoure qui ne
pouvait reculer que de quelques jours leur
perte; il ne restait d'espérance que dans les
efforts que Philippe se disposait à faire pour
attaquer le camp des Anglais. Edouard, averti
de ses desseins, ajoutait de nouvelles fortifi-
cations à son camp.

Milord d'Arundel eut ordre de marcher
vers Hesdin, pour observer l'armée de Philippe. Il fallut obéir, quelque peine qu'il eût
de s'éloigner, sans être instruit du sort de
madame d'Arundel, dont monsieur de Châlons, qu'il croyait dans Calais, pouvait à tous
moments lui donner des nouvelles. Son fils,
encore entre les mains des femmes, n'était

pas en état de le suivre, et il sentait vivement
cette privation. Les soins qu'il prenait de cet
enfant satisfaisaient en quelque sorte sa tendresse pour la mère. C'était à elle que s'adres-
saient les caresses qu'il lui faisait, et il croyait
en recevoir de la mère quand il en recevait
de son enfant. Seulement il se reprochait
quelquefois de goûter des douceurs qu'il ne
partageait pas avec elle.

Après avoir mis auprès de ce fils ceux de
ses domestiques en qui il avait le plus de
confiance, il marcha à la tête d'un corps de
quatre mille hommes. Philippe était parti
d'Amiens, où il avait assemblé son armée, et
s'était avancé jusqu'à Sangatte; il envoya de
là les maréchaux de Saint-Venant et de Beaujeu reconnaître le camp des Anglais; et, sur
leur rapport, l'ayant jugé inattaquable, il fit
offrir la bataille au roi d'Angleterre, qui la
refusa. N'ayant plus aucun moyen de secourir Calais, il se vit forcé de se retirer.

Milord d'Arundel donna avec sa petite
troupe sur l'arrière-garde de l'armée française, enleva une partie du bagage, et fit plusieurs prisonniers. Cette expédition finie, il
reprit le chemin du camp d'Edouard.

Un jour qu'il avait campé dans une plaine

à l'entrée d'un bois, on vint l'avertir que
quelques soldats, tentés par le butin, avaient
entrepris de forcer une maison religieuse
située au milieu de ce bois. Il accourut aussitôt. Sa présence fit cesser le désordre,
presque dans le moment qu'il avait
commencé; mais il fallut plus de temps pour
rassurer des filles que l'habitude de vivre
dans la solitude et dans la retraite rendait
encore plus susceptibles de frayeur.

La porte de la maison, qui avait été forcée,
donnait à milord d'Arundel la liberté d'y
entrer. Les religieuses, empressées de lui
marquer leur reconnaissance, le menèrent
dans un très grand enclos qui fournissait à
leur nourriture, et qui servait à leur promenade.

En passant sur un petit pont rustique pour
traverser un ruisseau, il vit, du côté où il
allait, une personne assise sur une pierre,
dont la rêverie était si profonde, qu'elle ne
s'aperçut que l'on venait à elle que lorsqu'on
en fut proche. Sans regarder ceux qui s'avan-
çaient, elle se leva pour s'éloigner : mais
milord d'Arundel l'avait assez vue pour aller
à elle et la prendre entre ses bras avec les
plus vifs transports de l'amour.

« Reconnaissez-moi, ma chère Amélie, lui disait-il; voyez celui que vous fuyez : c'est moi, c'est un mari qui vous adore, que votre perte faisait mourir de douleur. » La surprise, le trouble et la joie de madame d'Arundel, faillirent lui coûter la vie; elle resta sans connaissance dans les bras de son mari.

A la vue de cet accident, milord d'Arundel, saisi de crainte, hors de lui-même, demandait du secours à tout ce qui l'environnait. Il mit sa femme au bord du ruisseau, il lui en jetait de l'eau sur le visage, il la priait dans les termes les plus tendres de lui répondre; mais tous ses soins étaient inutiles : elle ne revenait point.

On la porta dans une petite maison du jardinier, qui était proche. Après avoir employé tous les remèdes dont on put s'aviser, elle donna quelque marque de sentiment; ses yeux s'ouvrirent quelque temps après, et cherchèrent milord d'Arundel. Il était à genoux auprès d'elle, la bouche collée sur une de ses mains. Madame d'Arundel le regarda quelque temps, et lui jetant au cou le bras qui lui restait libre, demeura dans cette situation.

Le saisissement où ils étaient l'un et l'autre

ne leur permit pas sitôt de parler; leurs
regards se confondaient et se disaient tout ce
qu'ils ne pouvaient se dire. Madame d'Arundel prenait les mains de son mari, qu'elle
baisait à son tour. A ces premiers moments
succédèrent mille questions, toujours inter-
rompues par de nouveaux témoignages de
tendresse.

Il fallut songer à mettre madame d'Arundel dans un lieu où elle pût passer la nuit
avec moins d'incommodité; elle aurait pu
entrer dans le couvent; mais milord d'Arundel ne pouvait pas l'y suivre : et le moyen de
la quitter! il fit venir en diligence un chariot
pour la mener à un bourg voisin. Pendant
toute la route, occupé de mille soins dont elle
était l'objet, il marcha toujours à côté du
chariot.

Madame d'Arundel, qu'on avait mise au
lit en arrivant, parut mieux d'abord; mais la
fièvre lui prit la même nuit, et redoubla les
jours suivants. Le désir de la secourir soutenait milord d'Arundel, et l'empêchait de
succomber à l'excès de sa douleur; toujours
les yeux attachés sur elle, toujours dans la
plus vive émotion de crainte et d'espérance,
et il ne quittait pas le chevet de son lit. La

fièvre augmenta considérablement, et la
malade ne laissait aucun espoir de guérison.

Son état ne pouvait être caché à milord
d'Arundel; plus mort que vif, suffoqué par
des larmes et des sanglots qu'il tâchait de
retenir, il voulut, pour soulager le mal que
madame d'Arundel souffrait à la tête, y porter la main; elle prit cette main, la baisa, et
la remit sur son front.

Quelques moments après, s'étant aperçue
que milord d'Arundel pleurait et voulait se
cacher : « Laissez-moi voir vos pleurs, lui dit-
elle en se levant un peu sur son séant, et en
le regardant avec des yeux qui, tout mou-
rants qu'ils étaient, conservaient leur beauté;
laissez-moi jouir du plaisir d'être si parfaitement aimée. Hélas! je crains de n'avoir plus
que quelques moments à en jouir; la mort
va peut-être nous séparer. Mes larmes coulent
aussi bien que les vôtres, continua-t-elle. La
vie est bien chère, quand on y tient par les
plus forts liens de l'amour. — Non, s'écria
milord d'Arundel, le ciel aura pitié de moi :
vous ne mourrez point, ou je mourrai avec
vous.

« — Si je pouvais, reprit madame d'Arundel, remettre entre vos bras un fils que nous

avions, je mourrais avec moins de regret;
mais, malgré mes soins et mes prières, il m'a
été enlevé, et nous l'avons perdu pour toujours. – Non, ma chère Amélie, il n'est point
perdu; vous l'auriez déjà auprès de vous, si
je n'avais craint de vous donner une trop
grande émotion. – Vous ne savez pas, lui dit-
elle en le regardant de la manière la plus
tendre, combien vous êtes aimé; mon fils,
sans vous, serait tout pour moi; avec vous,
il n'est que mon fils. S'il est possible, donnez-
moi la consolation de l'embrasser. »

Monsieur d'Arundel, qui avait eu soin de
faire venir son fils aussitôt qu'il avait retrouvé
madame d'Arundel, ordonna qu'on allât le
chercher. Elle se trouva, en le voyant, plus
sensible qu'elle n'avait pensé. Elle voulut
l'avoir auprès d'elle, ne cessait de lui faire
des caresses. « Tu m'as causé bien des malheurs, lui disait-elle en l'embrassant; mais
je ne t'en aime pas moins. Comment ne l'ai-
merais-je pas! ajoutait-elle en s'adressant à
milord d'Arundel; c'est notre fils, c'est un
lien de plus qui nous unit. »

Soit que la joie fît une prompte révolution
sur madame d'Arundel, soit que sa maladie
fût à son dernier épisode, elle se trouva consi-

dérablement mieux dès la même nuit : la fièvre la quitta peu de jours après. Ce ne fut qu'alors que milord d'Arundel lui conta ce qu'il avait appris de Saint-Val, et la façon presque miraculeuse dont leur fils avait été retrouvé. « Mais, ajouta-t-il, quels moyens a-t-on employés pour vous dérober si entièrement la connaissance de tout ce qui se passait dans votre patrie?

« – Vous savez, lui répondit-elle, que je fus remise dans le couvent aussitôt après que je fus accouchée : tout commerce me fut interdit : Saint-Val, chargé par madame de Mailly de m'ordonner de prendre le voile, fut le seul à qui j'eus la liberté de parler. Ma santé était si mauvaise, que les religieuses elles-mêmes déclarèrent qu'elles ne me recevraient que lorsque je serais rétablie. Je vécus de cette sorte, soutenue par la seule confiance que j'avais eue en vous, quand madame de Mailly, dont depuis longtemps je n'avais eu aucune nouvelle, entra dans ma chambre.

« Un chariot, me dit-elle d'un ton aigre et menaçant, vous attend à la porte, et a ordre de vous conduire dans une maison que je vous ai choisie. Partez tout à l'heure, et rendez-moi grâce de vous ôter d'un lieu où votre honte ne serait pas toujours cachée. » Vous connaissez ma timidité, poursuivit madame d'Arundel; d'ailleurs, qu'aurais-je fait pour me défendre? Je ne sus qu'obéir.

« On m'ôta généralement tout ce que j'avais, dans la crainte que j'en pusse tirer quelque secours. Par bonheur, vos lettres et votre portrait, que je tenais toujours cachés sur moi, me demeurèrent, et ont fait dans ma solitude mon unique consolation.

« Une femme et un homme que je ne connaissais point m'attendaient dans le chariot. Je fus menée et observée pendant la route avec autant d'attention que si j'avais été prisonnière d'État. Ma douceur et ma complaisance ne purent rien gagner sur l'esprit de mes conducteurs; ils me traitaient avec tant d'inhumanité, que ce fut une espèce de soulagement pour moi quand je me trouvai dans la maison où vous m'avez vue. Mais lorsque je fus instruite de la règle qui s'y observait, que je sus qu'on y vivait dans un entier oubli du monde, que je n'entendrais jamais parler de personne, et que personne n'entendrait jamais parler de moi, je crus être dans le tombeau.

« La mort même des parents de ces bonnes

filles ne leur était annoncée qu'en général. Combien de larmes ces sortes de nouvelles m'ont-elles fait répandre, quoiqu'elles ne pussent point vous regarder! elles me remplissaient l'esprit des idées les plus funestes. L'ignorance où j'étais, et où je devais toujours être de votre sort me causait des alarmes continuelles.

« Je n'envisageais d'autre fin à mes peines que celle de ma vie, et je ne voulais point cependant m'engager : c'eût été cesser d'être à vous, c'eût été m'ôter le nom de votre femme. Ce nom, quoique je susse seule qu'il m'était dû, me consolait.

« J'allais presque tous les jours rêver dans l'endroit où vous me trouvâtes. La solitude et le silence augmentaient ma mélancolie; je m'en remplissais le cœur; je relisais vos lettres; je regardais votre portrait, et je pleurais. Ma santé, qui s'affaiblissait tous les jours, me donnait l'espérance d'une mort prochaine. »

Madame d'Arundel, attendrie par des souvenirs si douloureux, n'eut pas la force d'en dire davantage. Milord d'Arundel, pénétré jusqu'au fond du cœur, lui répétait ce qu'il lui avait dit mille fois, que son sang, sa vie, ne payeraient pas la moindre des peines qu'elle avait souffertes pour lui.

Il ne pouvait se résoudre à la quitter; mais toujours occupée de l'intérêt et de l'honneur de son mari, elle l'obligea de retourner au siège de Calais, où il avait renvoyé les troupes sous la conduite du comte de Northampton. Que ne lui dit-il point en la quittant! Combien de précautions pour être informé de ses nouvelles! il eût voulu en avoir à tous les instants.

Le roi d'Angleterre le chargea, à son arrivée, d'aller, avec monsieur de Mauny, parler à monsieur de Vienne, qui, du haut des murailles, avait fait signe qu'il avait quelque chose à dire. La retraite de Philippe ne laissant plus d'espérance de secours à ce brave capitaine, il n'avait pu refuser aux habitants de la ville et à la garnison de demander à capituler.

« Mes seigneurs, dit-il à milord d'Arundel et à monsieur de Mauny, le roi mon maître m'avait confié cette place. Il y a près d'un an que vous m'y assiégez; j'ai fait mon devoir aussi bien que ceux qui y sont renfermés avec moi; la disette et le manque de secours nous contraignent de nous rendre; mais nous nous ensevelirons sous les ruines de ces murailles, si l'on ne nous accorde pas des conditions qui mettent nos vies, nos libertés et notre honneur en sûreté. »

Monsieur de Mauny, instruit des intentions d'Edouard, et plus disposé, par son caractère, que milord d'Arundel, à s'acquitter de la commission dont il les avait chargés, déclara que le roi ne les recevrait à aucune composition : qu'il voulait être maître de leur faire éprouver tel châtiment qu'il jugerait à propos. Monsieur de Vienne répondit, avec beaucoup de fermeté, que les habitants et lui sauraient mourir les armes à la main; mais qu'il croyait le roi d'Angleterre trop prudent et trop généreux pour réduire de braves gens au désespoir.

De retour au camp, milord d'Arundel et monsieur de Mauny mirent tout en usage pour fléchir la colère de leur maître; ils lui représentèrent avec force que la sévérité dont il voulait user envers les assiégés pourrait être d'une dangereuse conséquence, et donner droit à Philippe de l'imiter. « Je veux bien, leur dit Edouard après avoir rêvé quelque temps, accorder au gouverneur la grâce qu'il demande, à condition que six bourgeois, natifs de Calais, me seront livrés la corde au cou, pour périr par la main du bourreau. Il faut que leur supplice effraye les villes qui, à l'exemple de celle-ci, voudraient me résister. » Milord d'Arundel et monsieur de Mauny furent contraints de porter cette terrible réponse à monsieur de Vienne.

Avant que d'assembler le peuple, il alla dans l'appartement de madame de Granson, suivi du comte de Canaple, qu'il avait prié de l'accompagner : « Il faut, ma chère fille, lui dit-il en l'embrassant, nous séparer; je vais exposer au peuple la réponse d'Edouard, et, au défaut de six victimes qu'il demande, et que je ne pourrai lui donner, j'irai porter ma tête; peut-être préviendrai-je le malheur de cette ville et le vôtre. Ma mort me sauvera du moins de la honte et de la douleur d'en être témoin. Si je suis écouté, votre retraite est libre; et, si je péris sans vous sauver, je demande à monsieur de Canaple, dont je reconnais la valeur, de mettre tout en usage pour vous garantir de la fureur du vainqueur. J'espère qu'à la faveur du tumulte et du désordre il ne vous sera pas impossible de vous échapper dans une barque de pêcheur.

« – Quoi! mon père, s'écria madame de

Granson en le serrant entre ses bras, et en le mouillant de ses larmes, vous voulez mourir, et vous prenez des précautions pour sauver ma vie! Croyez-vous donc que je puisse vous survivre? Le moment où vous sortirez de cette malheureuse ville sera le moment de ma mort. »

Le comte de Canaple, aussi pénétré que monsieur de Vienne et madame de Granson, les regardait l'un et l'autre, et gardait le silence, lorsque madame de Granson, levant sur lui des yeux grossis par les pleurs : « Songez à vous, monsieur, lui dit-elle : je n'ai besoin d'aucun autre secours que mon désespoir. — Non, madame, lui dit-il; vous n'aurez point recours à un si affreux remède; et si monsieur de Vienne veut différer l'assemblée jusqu'à demain, j'espère beaucoup d'un projet que je veux former. »

Monsieur de Vienne, quoique très persuadé du courage et de la capacité de monsieur de Canaple, ne s'en promettait cependant aucun succès. Madame de Granson, au contraire, se laissait aller à quelque espérance.

Monsieur de Canaple alla, après les avoir quittés, chez Eustache de Saint-Pierre, le même qui l'avait pris pour son fils. « Je viens vous demander, lui dit-il, de m'avouer pour ce fils avec lequel vous m'avez trouvé une si grande ressemblance. J'ai besoin de ce nom pour être accepté par les députés d'Edouard, qui veut que six citoyens de Calais lui soient abandonnés, et qui ne pardonne au reste de la ville qu'à ce prix. »

Eustache avait une fermeté d'âme, une élé-vation d'esprit et de sentiments bien au-des-sus de sa naissance, et rares même dans les conditions les plus élevées. « L'honneur que vous me faites, monseigneur, dit-il au comte de Canaple, m'instruit de ce que je dois faire moi-même. Je me montrerai, si je puis, digne d'avoir un fils tel que vous; nous irons ensemble nous offrir pour premières vic-times. »

Le lendemain le peuple fut assemblé par monsieur de Vienne : on n'entendait que cris, que soupirs, que gémissements, dans toute cette multitude consternée; la certitude de la mort inévitable, quelque parti qu'on prît, ne donnait à personne le courage de mourir, du moins utilement pour sa patrie.

« Quoi! dit alors Eustache de Saint-Pierre en se montrant à l'assemblée, cette mort que nous affrontons depuis un an est-elle devenue plus redoutable aujourd'hui? Quel est donc notre espoir? Échapperons-nous à la barbarie du vainqueur? non. Nous mourrons, et nous mourrons honteusement, après avoir vu nos femmes et nos enfants livrés à la mort ou à la dernière des ignominies! »

L'horreur qui régnait dans l'assemblée redoubla encore à cette affreuse peinture. Eustache, interrompu par de nouveaux cris et de nouveaux gémissements, poursuivit enfin : « Mais pourquoi de vains discours, quand il faut des exemples? Je donne, pour le salut de mes concitoyens, ma vie et celle de mon fils. Quoiqu'il ne paraisse pas avec moi, il nous joindra à la porte de la ville. »

Quelque admiration que la vertu d'Eustache fît naître, il semblait que le ciel, pour le récompenser, voulait que sa famille fournît seule des exemples de courage. Jean d'Aire, Jacques de Wuissant, et Pierre, son frère, tous proches parents d'Eustache, se présentèrent.

Le nombre n'était pas encore complet. Monsieur de Vienne employa, pour y être reçu, les mêmes soins et la même industrie que d'autres auraient mis en œuvre pour s'en exempter; mais les députés, pleins de respect et de vénération pour une vertu si héroïque, loin de l'écouter, s'appuyèrent sur les ordres d'Edouard, et déclarèrent qu'ils ne pouvaient les changer.

Madame de Granson, instruite de tout ce qui se passait, ne voyait que des abîmes. Ce n'était qu'en exécutant les conditions imposées que la vie de ce père si cher pouvait être en sûreté; ce n'était qu'à ce prix qu'elle pouvait elle-même se sauver de la fureur du soldat victorieux. Que disait monsieur de Canaple? qu'étaient devenues les espérances qu'il avait données? pourquoi ne paraissait-il point? avait-il cessé d'être généreux? « Ce malheur me manquait! disait-elle; il faut, pour mettre le comble à ma honte, qu'il soit même indigne de l'estime que j'avais pour lui, de cette estime que je me reprochais, et que j'étais bien aise de lui devoir! »

Mademoiselle de Mailly, qui, depuis qu'elle logeait dans le château, était dans l'habitude de voir madame de Granson, vint s'affliger avec elle. La mort n'était point ce qu'elle craignait; depuis qu'elle avait perdu monsieur de Châlons elle la regardait comme un bien; des malheurs mille fois plus grands que la mort faisaient couler ses larmes.

Un grand bruit qu'elles entendirent interrompit cette triste occupation : comme tout était à craindre dans la situation où étaient les choses, elles s'avancèrent l'une et l'autre avec précipitation à une fenêtre qui donnait sur la place : elles ne virent d'abord que beaucoup de monde assemblé, et n'entendirent qu'un bruit confus. Mais à mesure que les objets s'approchaient, elles distinguèrent cinq hommes qui avaient la corde au cou; la multitude les suivait; tous voulaient les voir; tous voulaient leur dire un dernier adieu; tout retentissait de leurs louanges, et tout était en pleurs. Madame de Granson et mademoiselle de Mailly étaient pénétrées d'un spectacle si touchant; la pitié que leur inspiraient ces malheureux augmentait encore par la fermeté avec laquelle ils allaient à la mort.

Un d'entre eux, malgré le triste équipage où il était, se faisait distinguer par sa bonne mine, par une démarche fière et plus assurée, et attirait tous les regards. Mademoiselle de Mailly eut à peine jeté les yeux sur lui, que, poussant un grand cri, elle tomba évanouie.

Madame de Granson, étonnée et surprise de cet accident qu'elle ne savait à quoi attribuer, appela du secours. On porta mademoiselle de Mailly dans son lit, où elle fut encore longtemps sans reprendre connaissance; elle ouvrit enfin les yeux et repoussant ceux qui voulaient la secourir : Laissez-moi, disait-elle, laissez-moi mourir : c'est prolonger mon supplice que prolonger ma vie. Dieu! ajoutait-elle, que viens-je de voir! Il vit, et sa vie rend ma douleur plus amère; elle ne lui est donc rendue que pour la perdre sous la main du bourreau!

« Je vous demande pardon, mon père, dit-elle à monsieur de Mailly, qui était accouru au bruit de son accident, je vous demande pardon de mon désespoir; mais pourriez-vous le condamner? Ce Châlons que vous m'aviez permis d'aimer, que vous m'aviez destiné, que vous m'avez ôté, va périr pour vous et pour moi. Je l'ai reconnu; il est déjà dans cet affreux moment au pouvoir de ce barbare! Que ne peut-il savoir que ma mort suivra la sienne! Ne me regrettez point, mon père; laissez-moi mourir sans vous avoir offensé; que sais-je où me conduirait l'excès de ma douleur! » Un second évanouissement qui la reprit alors, beaucoup plus long que le premier, fit craindre qu'elle n'eût expiré. Monsieur de Mailly tenait sa fille entre ses bras, et il semblait que lui-même allait expirer aussi.

Madame de Granson, dont les soupçons étaient déjà fort diminués, pleinement éclaircie par ce qu'elle entendait, sentait, à mesure que la jalousie s'éteignait dans son cœur, renaître son amitié pour mademoiselle de Mailly et malgré le pitoyable état où elle la voyait, elle ne laissait pas de lui porter envie. « Elle est aimée, disait-elle; elle a osé aimer, elle reçoit de ce qu'elle aime la plus grande marque d'amour qu'on puisse recevoir; et moi, je n'ai reçu que des outrages! voilà le prix de ma faiblesse. »

Monsieur de Vienne, qui ne paraissait point, donna encore à madame de Granson une autre douleur. Elle sortit de chez mademoiselle de Mailly pour aller chercher son père, quand elle apprit, par un homme à lui, qu'il était en otage entre les mains de milord Montaigu, et qu'il ne serait libre que lorsque les citoyens sur lesquels Édouard voulait exercer sa vengeance auraient subi le supplice auquel ils étaient condamnés.

Un écuyer du comte de Canaple lui remit
en même temps une lettre dont il était chargé.
La consternation où il paraissait la jeta elle-
même dans le plus grand trouble. Elle prit
et ouvrit cette lettre d'une main tremblante,
et lut ce qui suit avec un saisissement qui
augmentait à chaque ligne :

« Ce n'est que dans ce moment où je vais
à la mort que j'ose vous dire pour la première
fois que je vous aime. Vous ne l'avez pas
ignoré, madame; vos rigueurs me l'ont appris
depuis longtemps; mais avez-vous bien connu
quelle est cette passion que vous m'avez inspirée? Avez-vous cru que mon cœur ne
demandait, ne voulait que le vôtre; que vous
pouviez d'un mot, d'un regard, faire mon
bonheur? Voilà, madame, cet homme que
vous avez accablé de tant de haine. Je ne me
suis jamais permis de vous parler; je me suis
imposé des lois aussi sévères que celles que
vous m'auriez imposées vous-même; je me
suis rendu aussi malheureux que vous vouliez que je le fusse. J'avais espéré qu'une
conduite si soumise vous apprendrait enfin
que la fortune seule avait pu me rendre criminel. Je vous l'avouerai encore, madame,
je me suis flatté quelquefois que la bienséance

et le devoir étaient plus contre moi que vous-
même; vous m'avez enlevé cette illusion qui
m'était si chère, qui soutenait ma vie. Le
changement de votre condition a rendu la
mienne encore plus misérable. Vous m'avez
fui; vous avez rejeté mes soins avec une nouvelle rigueur; nulle espérance ne me reste :
il faut mettre fin à tant de peines; il faut
cesser de vous être odieux en cessant de vivre :
j'emporterai du moins la consolation de vous
avoir donné, jusqu'au dernier moment, des
marques du respect extrême qui a toujours
accompagné mon amour. C'est sous un nom
supposé que je me présente à la mort. Vous
seule serez instruite de ma destinée; vous
seule, madame, dans le monde, saurez que
je meurs pour vous. »

Quel sentiment, quelle tendresse, la lecture de cette lettre ne produisit-elle point!
Cet homme pour lequel madame de Granson
avait eu dès le premier moment une inclination si naturelle, dont elle n'avait point
cru être aimée, donnait sa vie pour la sauver;
cet homme avait la passion la plus véritable
et la plus flatteuse. La joie d'être si parfaitement aimée se faisait sentir dans son cœur
à travers la douleur et la pitié. Plus monsieur

de Canaple croyait être haï, plus il lui semblait digne de sa tendresse. Tout lui parut
possible, tout lui parut légitime pour l'arracher à la mort.

« Allez, je vous prie, allez, dit-elle à celui
qui lui avait rendu cette lettre, me chercher
un habit d'homme, et préparez-vous à me
suivre au camp : le salut de votre maître
dépend peut-être de votre diligence. » Pendant le temps qui s'écoula jusqu'au retour de
cet homme, monsieur de Canaple expirant
sous les coups du bourreau se présentait sans
cesse aux yeux de madame de Granson, et la
faisait presque mourir à tous les instants.

La détention de monsieur de Vienne lui
donnait la liberté de sortir de la ville sans
obstacle. Malgré sa délicatesse naturelle, elle
marchait avec tant de vitesse, qu'elle laissait
bien loin derrière elle celui qu'elle avait pris
pour la conduire; mais ce n'était point encore
assez au gré de son impatience. Elle se reprochait son défaut de force; elle tremblait de
n'arriver pas assez promptement.

Lorsqu'elle eut atteint les premières gardes,
un soldat, trompé par ses habits, la prit pour
un homme et voulut l'arrêter; mais un officier, touché de sa physionomie, l'arracha des

mains du soldat, et la conduisit à la tente
du roi, à qui elle assurait qu'elle avait un
secret important à révéler.

« Sire, lui dit-elle en se prosternant à ses
pieds, je viens vous demander la mort, je
viens vous apporter une tête coupable et sauver une tête innocente. J'étais du nombre
des citoyens qui doivent périr pour le salut
de tous : un étranger, par une pitié injurieuse
pour moi, veut m'enlever cette gloire, et a
pris mon nom. »

Édouard, avec toutes les qualités qui font
les héros, n'était pas exempt des faiblesses de
l'orgueil. La démarche de madame de Granson, en lui rappelant les cruautés où il s'était
abandonné, l'irritait encore; et, la regardant
avec des yeux pleins de colère : « Avez-vous
cru, lui dit-il, désarmer ma vengeance en
venant la braver? Vous mourrez, puisque vous
voulez mourir, et cet audacieux qui a osé me
tromper mourra avec vous. »

« Ah, seigneur! s'écria madame de Granson, ordonnez du moins que je meure le premier. » Et, se traînant aux genoux de la reine,
qui entrait dans ce moment dans la tente du
roi : « Ah, madame! ayez pitié de moi! obtenez cette faible grâce. Suis-je assez coupable

pour être condamné au plus cruel supplice, pour voir mourir celui qui ne meurt que pour me sauver! »

Sa fermeté l'abandonna en prononçant ces paroles; elle ne put retenir quelques larmes. La reine, déjà touchée du sort de ces malheureux et qui venait dans le dessein d'obtenir leur pardon, fut attendrie encore par le discours et par l'action de madame de Granson et se déclara tout à fait en leur faveur. La gloire qu'elle avait acquise par le gain de plusieurs batailles et par la prise du roi d'Écosse la mettait en droit de tout demander; mais Édouard, toujours inflexible, ne répondit qu'en ordonnant à un officier de ses gardes de faire hâter le supplice des prisonniers.

Cet ordre, qui ne laissait plus d'espérance à madame de Granson, rappela tout son courage. Se relevant des genoux de la reine où elle était encore, et, regardant Édouard avec une fierté mêlée d'indignation : « Hâtez-vous donc aussi, dit-elle, de me tenir parole, et faites-moi conduire à la mort; mais sachez que vous allez verser un sang assez illustre pour trouver des vengeurs. »

La grandeur d'âme a des droits sur le cœur

des héros, qu'elle ne perd jamais. Édouard,
malgré sa colère, ne put refuser son admiration à madame de Granson. Plus touché
de la fermeté avec laquelle elle continuait de
demander la mort, qu'il ne l'avait été de sa
douleur, et les dernières paroles qu'elle venait
de lui dire lui faisant soupçonner quelque
chose d'extraordinaire dans cette aventure,
qui méritait d'être éclaircie, il fit signe à ceux
qui étaient dans sa tente de se retirer. « Votre
vie, lui dit-il alors, et celle de vos concitoyens
vont dépendre de votre sincérité. Quel motif
assez puissant vous a déterminé à l'action
que vous venez de faire?

« — La vie, sire, me coûterait moins à
perdre, répondit-elle que l'aveu que Votre
Majesté exige; mais l'intérêt d'une vie bien
plus chère que la mienne triomphe de ma
répugnance. Vous voyez à vos pieds une
femme qui a été assez faible pour aimer et
qui a eu assez de force pour cacher qu'elle
aimait. Mon amant, persuadé qu'il était haï,
a eu cependant assez de générosité et de passion pour sacrifier sa vie à la conservation
de la mienne. Une action si tendre, si généreuse, a fait sur mon cœur toute son impression. J'ai cru, à mon tour, lui devoir le même

sacrifice; et ma reconnaissance et ma tendresse m'ont conduite ici.

— Mais, dit la reine, pourquoi tant de
contrainte? Car je suppose que vous êtes libre
et que votre inclination est permise. — Je n'ai
pas toujours été libre, madame, répondit
madame de Granson; et, depuis que je le suis
il fallait une action aussi extraordinaire pour
m'arracher l'aveu de ma faiblesse.

« — Quel est donc cet homme, reprit
Édouard, qui a tant fait pour vous? et qui
êtes-vous vous-même? — Ma démarche, sire,
répondit-elle avec une contenance qui marquait sa confusion, devrait me faire cacher
à jamais mon nom; j'avoue cependant qu'il
m'en coûte moins de dire à Votre Majesté
que je suis la fille du gouverneur de Calais,
que de nommer monsieur de Canaple. »

Édouard ne put tenir davantage. Pressé
par ses propres sentiments, et déterminé par
les instances de la reine, il ordonna à milord
d'Arundel et à monsieur de Mauny, qu'il fit
appeler, d'aller chercher les prisonniers et de
les lui amener. Ces deux seigneurs se hâtèrent
d'exécuter un ordre qu'ils recevaient avec tant
de plaisir.

Deux des six, déjà sur l'échafaud, voyaient

sans aucune altération les apprêts de leur
supplice; et, quoiqu'ils s'embrassassent tendrement, c'était cependant sans faiblesse.
Milord d'Arundel, qui les vit de loin, cria :
« Grâce! grâce! » alla à eux avec promptitude,
et reconnut avec la plus grande surprise
monsieur de Châlons.

« En croirai-je mes yeux? lui dit-il en l'embrassant; est-ce vous que je vois? est-ce monsieur de Châlons que je viens d'arracher des
mains d'un bourreau! Par quelle étrange
aventure un homme tel que vous se trouve-
t-il ici! – Je n'y suis pas seul, répondit monsieur de Châlons; monsieur de Canaple, que
vous voyez, a fait ce que j'ai fait, et ce que
vous auriez fait vous-même dans les circonstances où nous nous sommes trouvés. »

Milord d'Arundel, au nom de monsieur de
Canaple, le salua avec toute sorte de marques
de considération. « Éloignons-nous promptement, leur dit-il, d'un lieu où je rougis pour
ma nation que vous ayez pu être conduits,
et venez chez le roi, où nous avons ordre de
vous mener. »

Monsieur de Châlons lui conta, en y allant,
que ce n'était que depuis deux jours qu'il
avait pu entrer dans Calais. « Pardonnez-moi,

milord, de n'avoir pas rempli vos intentions, et de n'avoir songé, dans ce moment, qu'à sauver mademoiselle de Mailly. – Je n'ai plus rien à demander à votre amitié, répliqua milord d'Arundel; je suis réuni à madame d'Arundel: il ne me reste de souhaits à faire que pour votre bonheur »; et, se tournant vers monsieur de Canaple : « Je n'aurai guère moins d'empressement, lui dit-il, de contribuer au vôtre. Monsieur de Châlons voudra bien vous assurer que vous pouvez compter sur moi. »

Ils se trouvèrent alors si près de la tente du roi, que monsieur de Canaple n'eut presque pas le temps de répondre à des offres si obligeantes. Milord d'Arundel entra pour informer le roi du nom des prisonniers.

Madame de Granson n'eut pas plutôt entendu nommer monsieur de Canaple, que, se mettant de nouveau aux genoux de la reine : « Ah! madame, lui dit-elle, accordez-moi la grâce de me retirer; je ne puis soutenir la honte qui m'accable, et l'indécence de l'habit que je porte – Vous craignez, répondit la reine, qui avait remarqué son trouble au nom de monsieur de Canaple, la vue d'un homme pour qui vous avez voulu mourir?

« – Le sacrifice de la vie, madame, répondit madame de Granson, n'est pas toujours le plus difficile. – Vos sentiments sont si honnêtes, dit la reine, qu'ils m'inspirent autant d'estime pour vous, que vous m'avez d'abord inspiré de pitié; je veux que vous soyez heureuse, et je vous promets d'y travailler. Allez, suivez madame de Warwick; elle aura soin de vous donner les choses qui vous sont nécessaires.

« – J'ose encore, madame, demander une grâce à Votre Majesté, répliqua madame de Granson : mon père pleure ceux que votre bonté a sauvés; daignez ordonner qu'on aille sécher ses larmes. – Vous serez satisfaite », lui dit la reine en la congédiant.

Monsieur de Canaple et monsieur de Châlons furent ensuite introduits. « Je ne croyais pas, leur dit le roi, avoir sauvé la vie à des ennemis si dangereux; je sais que le courage de l'un et de l'autre a retardé plus d'une fois mes victoires. – Daignez, sire, répondit monsieur de Canaple, ne pas rappeler des choses dont les bontés de Votre Majesté nous feraient repentir, s'il était possible de se repentir d'avoir fait son devoir. – Peut-être, lui dit Édouard en souriant, pourrais-je mettre votre vertu à des épreuves plus dangereuses. Allez, sous la conduite de milord d'Arundel, chez monsieur de Warwick faire vos remerciements à la personne à qui vous devez véritablement la vie. »

Le comte de Canaple, à qui il n'était pas permis de questionner le roi, ne fut pas plutôt hors de sa présence, qu'il demanda à milord d'Arundel, avec un empressement et un trouble dont il ne démêlait pas la cause, l'éclaircissement de ce que ce prince venait de dire. « Je sais, lui dit milord d'Arundel, qu'un jeune homme, d'une extrême beauté, que je viens de voir aux pieds de la reine, est venu demander au roi de mourir pour vous. – Ah! milord, s'écria le comte de Canaple, qui n'osait croire ce qui lui venait dans l'esprit, je mourrai, si vous n'avez la bonté de satisfaire mon impatience. – Vous n'aurez pas longtemps à attendre, lui dit milord d'Arundel : nous voici chez madame de Warwick, où j'ai ordre de vous mener et où je vous laisse. »

Madame de Granson était seule avec une femme que madame de Warwick lui avait donnée pour la servir, lorsque monsieur de Canaple entra. « Quoi! madame, s'écria-t-il

en allant à elle avec beaucoup de précipitation, et en se jetant à ses pieds, c'est vous!
c'est vous! madame! L'univers entier serait-
il digne de ce que vous avez fait? »

Madame de Granson, mille fois plus interdite et plus embarrassée qu'elle ne l'avait
encore été, baissait les yeux, gardait le silence
et tâchait de se dérober aux empressements
du comte de Canaple. « Daignez me regarder
un moment, madame, lui dit-il; pourquoi me
sauver la vie, si vous voulez que je sois toujours misérable?

« – Puisqu'il fallait mourir pour sauver
mon père, lui dit-elle enfin, c'était à moi de
mourir. – Ah! madame, répondit-il pénétré
de douleur, que me faites-vous envisager? ce
n'est donc que le devoir qui vous a conduite
ici? et comment ai-je pu penser un moment
le contraire? il vous en coûtait donc moins
de renoncer à la vie que de devoir quelque
chose à ma mémoire! – Vous ne le croyez
pas, lui dit madame de Granson en le regardant avec des yeux pleins de douceur et peut-
être aurais-je besoin de me justifier auprès
de vous de ce que je fais pour vous.

« – Vous justifier! madame, répliqua monsieur de Canaple avec beaucoup de vivacité.

— De grâce, finissons cette conversation, lui
dit-elle; vos plaintes seraient injustes et votre
reconnaissance me donne trop de confusion. — Quelle contrainte m'imposez-vous!
madame, répliqua monsieur de Canaple; lisez
du moins dans mon cœur, lisez ce que vous
ne voulez pas entendre, et que je vous dirais
avec tant de plaisir. »

Monsieur de Châlons, empressé de voir
madame de Granson pour savoir des nouvelles de mademoiselle de Mailly, entra dans
la chambre dans ce même temps avec milord
d'Arundel, qu'il avait ramené. Le premier
mouvement de madame de Granson fut de
se lever pour sortir. Elle ne pouvait s'accou-
tumer à ce qu'elle avait fait, et aurait voulu
se dérober à tous les yeux; mais monsieur de
Châlons la pria avec tant d'instance de rester,
qu'elle fut forcée d'y consentir. Pour excuser
peut-être la démarche qu'elle avait faite, elle
se mit à lui raconter la douleur de mademoiselle de Mailly lorsqu'elle l'avait reconnu.

Le plaisir d'être aimé, quelque sensible
qu'il soit, ne l'emporte pas sur l'intérêt de
ce qu'on aime. Monsieur de Châlons ne vit,
ne sentit que la peine de mademoiselle de
Mailly. Il priait madame de Granson de ne

pas différer un moment son retour à Calais. Elle se serait rendue avec joie à ce qu'il désirait; mais il fallait la permission de la reine. Milord d'Arundel, sûr des bontés de cette princesse, se chargea de l'obtenir.

Tandis qu'il était allé la lui demander, monsieur de Châlons rendait compte à madame de Granson de ce qui le regardait, et lui apprenait les raisons qui avaient engagé monsieur de Canaple de voir mademoiselle de Mailly avec tant d'assiduité. Il ne devait rester aucun doute à madame de Granson; mais on n'a jamais trop de sûreté sur ce qui intéresse vivement le cœur; aussi l'écoutait-elle avec beaucoup d'attention et de plaisir. Pour monsieur de Canaple, uniquement occupé de la voir, de l'entendre, de l'admirer, il ne prenait que peu de part à la conversation.

La présence de monsieur de Vienne, que milord d'Arundel avait trouvé chez la reine et qui parut alors, vint le tirer de cet état heureux et lui donner une inquiétude et un trouble comparable au plus grand qu'il ait jamais éprouvé : ce moment allait décider de son sort.

Madame de Granson, dès qu'elle aperçut

son père, alla se jeter à ses genoux, si pleine
de crainte et de confusion, qu'il ne lui fut
pas possible de prononcer une parole; mais
les larmes qu'elle répandait sur les mains de
monsieur de Vienne parlaient pour elle.

« Je ne vous fais aucun reproche, ma chère
fille, lui dit-il en l'embrassant; le succès de
votre entreprise l'a justifiée. Je me plains
seulement de monsieur de Canaple, qui voulait me dérober, et à toute la terre, la
connaissance d'une action aussi généreuse que
la sienne, et qui m'a laissé ignorer des sentiments que je lui ai souhaités plus d'une
fois. — Il eût fallu, monsieur, pour prendre
la liberté de vous parler, répliqua monsieur
de Canaple, en être avoué, et je n'oserais
même parler aujourd'hui.

« — Je crois pourtant, dit monsieur de
Vienne, que je ne ferai pas un usage tyran-
nique de mon pouvoir en ordonnant à ma
fille de vous regarder comme un homme qui
sera dans peu son mari. — Ah! monsieur,
s'écria monsieur de Canaple, quelle reconnaissance pourra jamais m'acquitter envers
vous! Consentirez-vous à mon bonheur,
madame? dit-il à madame de Granson en
s'approchant d'elle de la façon la plus sou-

mise : dites un mot, un seul mot; mais songez qu'il va décider de ma vie. – La démarche que j'ai faite, lui dit-elle, vous a dit ce mot que vous me demandez. »

Monsieur de Canaple, pénétré de la joie la plus vive, l'exprimait bien moins par ses discours que par ses transports. Madame de Granson, honteuse de tant d'amour, se hâta de profiter de la permission d'aller à Calais, que milord d'Arundel vint lui apporter. Monsieur de Canaple, monsieur de Châlons et monsieur de Vienne y allèrent avec elle. Monsieur de Châlons attendit dans une maison de la ville les nouvelles que monsieur de Canaple devait lui apporter.

Mademoiselle de Mailly, en proie successivement et presque dans le même temps à la plus grande douleur et à la plus grande joie, avait pensé mourir d'une agitation si violente. Madame de Granson et elle s'embrassèrent à plusieurs reprises, et se firent à la fois mille questions. Mademoiselle de Mailly, naturellement éloignée de toute sorte de dissimulation, enhardie encore par la vertu solide dont elle se rendait témoignage, ne contraignit point ses sentiments. Elle parla de monsieur de Châlons avec toute la tendresse et la reconnaissance qu'exigeait ce qu'il venait de faire pour elle.

« Voulez-vous le récompenser? lui dit le comte de Canaple, donnez-lui la permission de vous voir. — C'est mon père, répondit-elle, et non ma façon de penser, qui doit régler ma conduite. — J'espère qu'il vous ordonnera ce que je vous demande, lui dit le comte de Canaple : milord d'Arundel s'est assuré de la protection de la reine d'Angleterre pour monsieur de Châlons, et votre mariage est le prix de la liberté de monsieur de Mailly. Ah! dit encore mademoiselle de Mailly, il ne faut point que ce consentement lui soit arraché : tout mon bonheur cesserait d'être bonheur pour moi, si je l'obtenais contre sa volonté. »

Monsieur de Mailly, préparé par monsieur de Vienne à ce que l'on demandait de lui, entendit en entrant dans la chambre de sa fille ces dernières paroles; et, allant à elle les bras ouverts : « Non, ma chère fille, lui dit-il, ce ne sera point contre ma volonté que vous serez heureuse; j'ai souffert autant que vous des peines que je vous ai faites. Oubliez-les; c'est un père qui vous aime, qui vous a toujours aimée, qui vous le demande; et joignez-vous à moi pour les faire oublier à mon-

sieur de Châlons, que je vais vous amener.
Le malheureux état où madame de Mailly
est réduite ne permet plus de ressentiment
contre elle, et ne peut que vous laisser de la
pitié. »

Madame de Mailly était effectivement
menacée d'une mort prochaine. Le chagrin
dont elle était dévorée depuis longtemps et
que le peu de succès de ses artifices redoublait
encore, l'avait jetée dans une maladie de lan-
gueur qui augmentait tous les jours.

Madame de Granson, pour laisser à mademoiselle de Mailly la liberté de recevoir monsieur de Châlons, la quitta et monsieur de
Canaple la suivit. Monsieur de Mailly, accompagné de monsieur de Châlons, parut un
moment après; et, le présentant à sa fille :
« Je vous avais séparés malgré moi, mes chers
enfants, leur dit-il; c'est de tout mon cœur
que je vous rejoins. »

La joie de ces deux personnes, après une
si longue absence, après s'être donné l'un et
l'autre tant de marques de tendresse, ne saurait s'exprimer. Mademoiselle de Mailly,
autorisée par la présence de son père, disait
à monsieur de Châlons des choses plus flatteuses qu'elle n'eût osé lui dire s'ils avaient

été sans témoin. Pour lui, enivré de son bonheur, il ne lui tenait que des discours sans
suite et sans liaison. Mais, après ses premiers
transports, et lorsque l'absence de monsieur
de Mailly lui eut laissé plus de liberté, il se
trouva pressé de lui avouer les soupçons qu'il
avait eus contre elle. Quoiqu'ils n'eussent
produit d'autre effet que de le rendre malheureux, quoiqu'elle eût pu les ignorer toujours, il fallait, pour avoir la paix avec lui-
même, qu'il lui en demandât pardon.

« Vous me demandez pardon, lui dit-elle,
vous à qui j'ai causé tant de différentes
peines : vous qui avez voulu donner votre vie
pour moi; vous enfin qui m'avez aimée dans
le temps que vous auriez dû me haïr! »

Cette conversation si pleine de charmes fut
interrompue par madame de Granson. Elle
venait apprendre à mademoiselle de Mailly
que le roi et la reine d'Angleterre feraient
le lendemain leur entrée dans Calais, et qu'il
fallait qu'elle se disposât à être présentée à
la reine.

La mort de madame de Mailly, qui arriva
la même nuit, loin de dispenser mademoiselle de Mailly de ce devoir, lui en faisait au
contraire une nécessité. Il fallait éloigner

monsieur de Mailly d'un lieu qui lui présentait des objets si affligeants et en obtenir la
liberté de la reine. « Je ne vous accorde cette
grâce, lui dit cette princesse, lorsque mademoiselle de Mailly lui fut présentée, qu'à la
condition que monsieur de Mailly consentira
à votre mariage avec monsieur de Châlons.
Je veux qu'il se fasse dans le même temps
que celui de madame de Granson avec monsieur de Canaple, et avant que vous partiez
de Calais.

« — La situation de mon père et la mienne,
madame, répondit mademoiselle de Mailly,
exigent que nous demandions à Votre Majesté
de vouloir bien nous accorder quelque temps
pour exécuter les ordres qu'elle daigne nous
donner. — Je devrais, lui dit la reine, que
milord d'Arundel avait instruite, pour vous
récompenser de la prière que vous me faites,
vous la refuser. » Mademoiselle de Mailly
baissa les yeux en rougissant.

La reine, après avoir donné des louanges
à sa modestie, ordonna à monsieur de Vienne
de dire à monsieur de Mailly, de la part du
roi, que lui et sa fille avaient la liberté de se
retirer où ils jugeraient à propos, pourvu que
monsieur de Châlons reçût de nouveau sa

parole et qu'il les accompagnât au lieu qu'ils auraient choisi.

Monsieur de Mailly, qui souhaitait avec passion ce qu'on lui demandait, rendit au roi et à la reine de très humbles actions de grâces et partit le même jour pour ses terres de Flandre, où le mariage de monsieur de Châlons et de mademoiselle de Mailly fut célébré peu de mois après.

Celui de madame de Granson se fit dès le lendemain et monsieur de Canaple jouit enfin d'un bonheur qui lui fut donné par les mains de l'amour. Ils allèrent en Bourgogne attendre monsieur de Vienne, qui fut obligé de conduire les habitants de Calais au roi Philippe.

Ces pauvres gens, forcés d'abandonner leur patrie, venaient en demander une nouvelle. Leur fidélité parlait en leur faveur : on leur donna des terres, où ils allèrent s'établir et où ils n'eurent point à regretter les pertes qu'ils avaient faites. Eustache de Saint-Pierre et sa famille restèrent attachés au comte de Canaple et en reçurent un traitement digne de leur vertu.

Comme la reine se trouva grosse et qu'Édouard, pour affermir sa conquête, voulut passer l'hiver à Calais, milord d'Arundel demanda et obtint la permission d'y faire venir madame d'Arundel. Monsieur de Mauny avait déjà obtenu de monsieur de Liancourt, à force de services et d'amitié, le pardon de madame de Mauny et le sien.

FIN DU SIÈGE DE CALAIS

CET OUVRAGE
A ÉTÉ COMPOSÉ
ET ACHEVÉ D'IMPRIMER
PAR L'IMPRIMERIE FLOCH
À MAYENNE LE 14 FÉVRIER 1983

Nᵒ d'impression : 20335.
D. L. : mars 1983.